现代学徒制实施与评估

——上海市现代流通学校物流服务与管理专业为例

主　编：彭宏春　田文芳

副主编：杨振宇　王彦文　许　蓓

参　编：沈　昕　杨志能　王建勇

物流名师培育工作室成员

主　审：郭肇明　蓝少廷

中国财富出版社有限公司

图书在版编目（CIP）数据

现代学徒制实施与评估：上海市现代流通学校物流服务与管理专业为例 / 彭宏春，田文芳主编．—北京：中国财富出版社有限公司，2020.8

ISBN 978-7-5047-7200-8

Ⅰ．①现…　Ⅱ．①彭…　②田…　Ⅲ．①物流管理—学徒—教育制度—研究—上海
Ⅳ．① F252.1

中国版本图书馆 CIP 数据核字（2020）第 137683 号

策划编辑	马　铭	责任编辑	邢有涛　郭小草		
责任印制	梁　凡	责任校对	张营营	责任发行	敬　东

出版发行	中国财富出版社有限公司		
社　　址	北京市丰台区南四环西路 188 号 5 区 20 楼	邮政编码	100070
电　　话	010-52227588 转 2098（发行部）		010-52227588 转 321（总编室）
	010-52227588 转 100（读者服务部）		010-52227588 转 305（质检部）
网　　址	http://www.cfpress.com.cn	排　　版	宝蕾元
经　　销	新华书店	印　　刷	北京九州迅驰传媒文化有限公司
书　　号	ISBN 978-7-5047-7200-8/F·3183		
开　　本	787mm×1092mm　1/16	版　　次	2020 年 9 月第 1 版
印　　张	14.25	印　　次	2020 年 9 月第 1 次印刷
字　　数	278 千字	定　　价	46.80 元

前　言

依照《国家职业教育改革实施方案》《国务院关于加快发展现代职业教育的决定》（国发〔2014〕19号）及《教育部关于开展现代学徒制试点工作的意见》（教职成〔2014〕9号）相关要求，以习近平新时代中国特色社会主义思想为指导，推进人才培养模式创新，开展校企联合招生、联合培养的现代学徒制试点，完善支持政策，推进校企一体化育人，逐步建立起政府引导、行业参与、社会支持、企业和职业学校双主体育人的中国特色现代学徒制。特邀请中国物流与采购联合会（简称中物联）教育培训部主任、全国物流职业教育教学指导委员会秘书长郭肇明与职业教育领域著名专家、学徒制专家、环众软件（上海）有限公司的蓝少廷副总经理主审，特组织环众软件（上海）有限公司的田文芳总监、原上海顶通物流有限公司人事经理许蓓以及上海顶实仓储有限公司杨振宇总经理、上海市物流名师培育工作室成员（朱荥珏、时明荣、余寒、刘继瑶、崔建亮）共同开发了《现代学徒制实施与评估——上海市现代流通学校物流服务与管理专业为例》这本书。同时，全国各地中高职院校也借鉴我校试点项目的做法而展开了中物联模式现代学徒制试点，在此，非常感谢广州市商贸职业学校林珍平部长，山东省潍坊商业学校毛艳丽主任、吴红艳老师，武汉市财政学校程明主任、沈黎老师，湖北城市建设职业技术学院李方峻主任和天津市第一商业学校张齐主任在本书中分享案例。

本书共设五个模块。模块一为物流服务与管理专业现代学徒制人才培养模式的背景分析，主要从职教发展需求、响应新时代区域经济社会发展需要、物流服务与管理专业“十三五”发展规划需要、人才培养模式改革需求，以及破解就业难与招工难的矛盾、校企资源互享共赢的重要途径等方面阐述其理论基础；模块二为物流服务与管理专业现代学徒制人才培养操作规范，主要从人才培养模式的导入行动纲领以及导入流程说明来阐述其操作规范；模块三为物流服务与管理专业现代学徒制人才培养实践，主要对专业教学计划及学徒实习管理制度、学徒在岗学习单元标准及进度安排、学徒练习册、学徒在岗学习评估细则及工具等进行详细说明；模块四为物流服务与管理专业现代学徒制人才培养成效，从企业评价、资格认证、获奖情况、发表案例与论文、媒体报道、社会辐射效应等方面进行说明；模块五为物流服务与管理专业现代学徒制人才培养辐射推广，全国各中高职院校借鉴上海市现代流通学校做法，均针对本校实际情况开展具有本校特色的现代学徒制人才培养。

与其他教材相比，本书具有以下特色：首先，以上海市现代流通学校物流服务与管理专业现代学徒制真实案例展开阐述，通过校企深化产教融合，共育现代学徒人才。该项目以物流服务与管理专业为试点，以服务学校学生成长为导向，以培养企业所需的定向人才为最终目的，通过借鉴英国国家职业标准，调研企业岗位标准需求，结合学徒能力水平，开发物流服务与管理专业的学徒岗位学习标准及现代学徒制实施、评估等标准体系。其次，打破传统的人才培养方式，学徒通过双导师共同辅导，“做中学，学中做”，评估师通过翻转课堂的教学方法培养学徒，辅导机构和评估机构通过过程评估与终期评估，层层质量把关与监控，最终培养出企业用得上、留得住的人才。最后，通过总结上海市现代流通学校现代学徒制项目的经验，旨在为全国其他职业院校提供相关教学与学习借鉴经验。

本书是一本具有新知识、新技术、新理念的校企深度融合型教材。本书在撰写中力求浅显易懂、简明扼要，重点突出操作性和实用性，图文并茂，实例丰富，使用起来更加方便。

本书适用于各类职业院校物流及相关专业教学，以及各类物流企业开展从业人员在职培训。

由于物流行业发展变化快，我国中等职业教育改革日益深化，加之编者水平有限，时间仓促，书中难免有不尽如人意之处，敬请广大读者提出宝贵意见，以保持本书的实用性。

编　者

2020 年 3 月

目　录

模块一　物流服务与管理专业现代学徒制人才培养模式的背景分析

（一）职业教育发展的需求

加快经济转型升级、实施产业结构调整，是我国经济建设的核心内容。在经济转型和产业结构调整过程中，大中型企业面临着劳动力结构性短缺，中小微企业面临技能人才匮乏等人力资源问题。而现代学徒制（本书也将其简称为学徒制）是发展职业教育服务产业，解决企业人才短缺的最佳途径之一。

在西方经济发达国家，现代学徒制作为职业教育的人才培养主导模式，在社会经济发展中起了至关重要的作用，政府高度重视现代学徒制，制定了与之配套的完善的法律体系与政策，形成了比较完整的人才培养体系。而目前我国的现代学徒制刚刚起步，没有完备的支持现代学徒制的相关政策与法律体系，企业参与实施现代学徒制的积极性还没有被调动起来，职业学历教育与职业培训尚未形成有机的衔接，在此情况下，实践现代学徒制对推动职业教育的改革与发展有十分重要的意义。

（二）响应新时代区域经济社会发展，对物流服务与管理专业快速发展提出的更高要求

针对《国家职业教育改革实施方案》（2019 年 1 月）、《教育部办公厅关于全面推进现代学徒制工作的通知》（教职成厅函〔2019〕12 号）及《上海职业教育高质量发展行动计划（2019—2022 年）》相关要求，实施上海市特色高水平职业院校、第一批特色高水平骨干专业（群）、实训基地，以习近平新时代中国特色社会主义思想为指导，全面推广政府引导、行业参与、社会支持、企业和职业学校双主体育人的中国特色现代学徒制。各地要明确全面推广现代学徒制的目标任务和工作举措，引导行业、企业和学

校积极开展学徒培养，落实好招生招工一体化、标准体系建设、双导师团队建设、教学资源建设、培养模式改革、管理机制建设等重点任务。

（三）物流服务与管理专业“十三五”发展规划的需要

根据物流服务与管理专业“十三五”发展规划的建设要求，学院要坚持“校企深度交融，工学有机结合”的人才培养模式，坚持产教融合、校企合作，借鉴英国、澳大利亚等国家职业标准和经验，在物流服务与管理专业开展现代学徒制人才培养模式改革，提升人才培养质量。

（四）人才培养模式改革的需求

物流服务与管理是资金和技术密集型产业，业务节点众多，管理工具多样，管理操作技术性强，因此基层管理人员不仅需要扎实的理论知识，更需要娴熟的管理技能、丰富的工作经验和良好的职业素养。在现代学徒制双导师人才培养模式中，评估师教授学徒岗位知识，企业导师辅导学徒岗位管理作业流程（SOP）和核心技能、管理经验和职业素养，通过“做中学，学中做”，培养企业用得上、留得住的人才。现代学徒制双导师人才培养模式是一种最优、高效的人才培养模式。

（五）现代学徒制是破解就业难与招工难的矛盾、实现校企资源互享共赢的重要途径

现代学徒制通过校企同步招生招工，针对企业需求，量身定制开发课程，评估师和企业导师联合培养，企业导师对学徒进行岗位管理技能和管理经验的传承。学徒制所拥有的“双重身份、双元育人、岗位培养、岗位成长”的特征使学生在校期间即经过了合作企业的基层历练，学生毕业即可在合作企业急需的基层管理岗位上就业，大大缩短了学生岗位培养层次晋升的周期，且能保障学生高质量上岗，真正实现学生与企业的零距离对接。解决了学校教学与企业需求脱节的问题，破解了学生高质量就业难与企业高质量招工难的矛盾，是实现校企资源互享共赢的重要途径。

模块二 物流服务与管理专业现代学徒制人才培养操作规范

现代学徒制导入辅导项目，以物流服务与管理专业为试点，结合中英现代学徒制元素，与物流企业合作，引入环众软件（上海）有限公司（以下简称为“环众”）作为第三方培训辅导机构，开展了物流服务与管理专业现代学徒制项目的实施。

（一）项目行动纲领

项目行动纲领如表2–1所示。

表2–1 项目行动纲领

项目	环众	企业	学校
项目合同签订			
合作企业确定	协办 可陪同学校到企业，向企业高管介绍现代学徒制项目	—	主办 挑选合适企业：全国或省内知名企业，提供管理规范，保障环境安全
评估师名单确定	—	—	主办 挑选负责任、具有学习力的专业教师
学徒名单确定	—	主办 挑选有意向在该企业就业的学徒	协办
企业导师名单确定	—	主办 指派岗位主管担任企业导师（师傅）	协办 提供确定名单给环众

续 表

项目	环众	企业	学校
岗位标准开发	主办 根据岗位调研、企业标准与英国职业标准进行开发	协办 协助现场调研	协办 陪同现场调研
学习内容设计	主办 根据岗位标准设计学徒的学习内容	协办 确认学习内容	协办 协助企业确认学习内容
练习册开发	主办 根据学习内容开发学徒的作业题目	—	协办 协助校稿审定
导入前培训	主办 安排内审员到学校培训评估师（四天）与学徒（一天）	—	协办 组织评估师（四天）与学徒（一天）参与培训
启动会议	协办 提供标准议程与拜师仪式录像	协办 邀请企业高层主管出席会议并发言	主办 邀请学校主管部门领导和企业领导参会；设计拜师仪式
企业导师培训	主办 启动会议（2 个小时）当天与评估师结对子	协办 组织企业导师参加培训	协办 组织评估师参与结对子活动
评估师拜访企业导师与学徒	—	协办 企业导师接受评估师的拜访（10 分钟）	主办 评估师每周一天拜访学徒（培训学徒）
评估师参加标准化会议	主办 内审员主持评估师标准化会议（每周一次，每次 1 小时）	—	协办 组织评估师准时参会
评估师接受现场考核	主办 每位评估师需接受内审员三次现场考核	协办 提供 6 ~ 8 人的会议室	协办 组织评估师接受考核
评估师参加团队会议	主办 内审员每月到现场主持团队会议	—	协办 组织评估师在学校参会
外审现场考核	主办 组织外审专家团队到现场考核整体项目（半天）	协办 提供 16 ~ 20 人的会议室	协办 组织评估师与学徒接受考核

续 表

项目	环众	企业	学校
项目中期管理会议	主办 提交项目中期管理报告；组织外审专家团队给出中期评估结果	协办 安排企业高管参会	协办 安排学校领导参会
外审证据考核	主办 组织外审专家团队线上审查评估师与学徒的学习证据	—	—
总结会与颁发证书	协办 提供总结会议议程和项目总结报告；邀请现代学徒制专家参会；颁发培训合格证书	协办 企业高管出席发言；企业导师出席发言	主办 主持总结会议；组织评估师发言；组织学徒发言；邀请兄弟院校参加

（二）导入流程

导入流程如图 2–1 所示。下面做简要介绍。

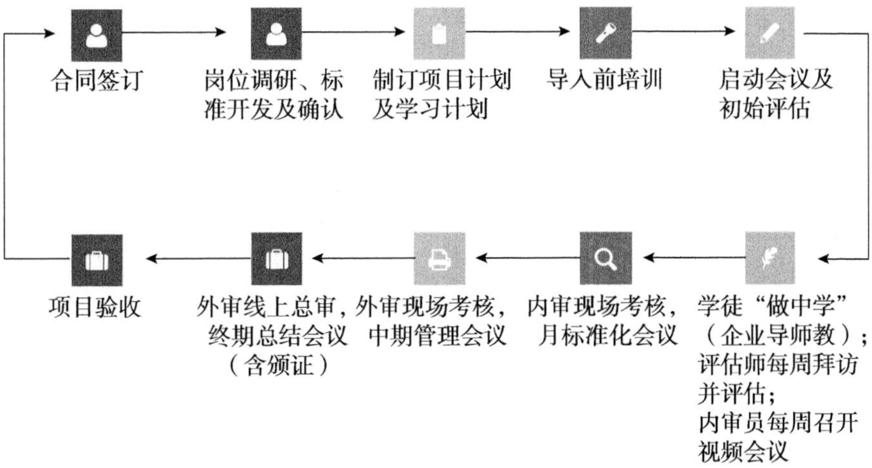

图 2–1 导入流程

1. 准备阶段

学校以及环众共同前往企业，实地调研学徒岗位需求、工作环境、评估环境等，并收集整理企业调研相关资料。校企基于英国国家职业标准，考虑双方实情，制订项目实施计划，开发学徒岗位单元标准、学徒核心技能练习册、评估师单元标准作业。

针对学徒和评估师进行项目导入前集中培训，培训内容包括现代学徒制评估体系介绍、学徒制 11 种评估取证方法、评估计划与流程设计介绍、第一次拜访学徒准备事项说明、解读职业标准与单元条文、学徒制平台的使用说明与操作、周总结与月总结的撰写等。

2. 实施阶段

评估师每周前往企业评估拜访学徒。内审员每周定期与评估师进行视频会议，为评估师答疑解惑，每月前往企业现场辅导和考核评估师，并召开标准化会议，及时反馈评估师考核结果。内审员定期对学徒证据进行线上和线下审核，并对评估师和学徒作业进行审核和辅导，力求保质保量完成项目内容。外审员在项目中期对项目进行现场考核，召开项目中期管理会议，并对项目进度进行把控。

3. 总结阶段

外审员为内审员和评估师提供指导、抽样评估和质量审核活动，对项目证据进行整体抽查并出具抽查报告，直至修订合格，监督培训评估和内审质量。经过外审员资质认可，外审机构（外审专家团队）会给学徒及评估师颁发培训合格证书。

模块三　物流服务与管理专业现代学徒制人才培养实践

（一）专业教学计划及学徒实习管理制度

1. 中职物流服务与管理专业教学计划（现代学徒制）

上海市现代流通学校

物流服务与管理专业教学计划

（现代学徒制）

专业类别　财经商贸类

专业名称　物流服务与管理

专业代码　121900

学　　制　三年制

制　　定

审　　核

审　　批

上海市现代流通学校

二〇一五年制

一、专业名称、专业代码

物流服务与管理：121900。

二、入学要求、学习年限

本专业招收初中毕业生或具有同等学历者，学习年限3年。

三、培养目标与人才规格

本专业培养与我国社会主义现代化建设要求相适应，德智体美全面发展，具有综合职业能力，在物流业务管理、操作和服务第一线工作的高素质劳动者和初中级专业人才。

（一）培养目标

了解现代物流在我国国民经济和国际贸易中的地位；掌握物流管理的概念，物流管理操作程序、操作技能以及相关业务；了解并掌握物流业务相关的法律、法规、条例及规定。

掌握仓储、运输、包装、分拣、流通加工、配送和信息处理的基本知识和操作技能。具有开拓物流业务、从事物流职业的能力。

通过学徒制培养，增强学生学习的主动性，全面提高学生专业对口率和稳定率，切实提高学生岗位技能和职业素养。

（二）人才规格

1. 能在一线从事仓储、运输与配送工作。
2. 能独立开展商品入库、储存、保管养护、出库等业务活动。
3. 能合理选择运输方式、运输工具和运输路线，能独立进行商品发运、接运和运输价格核算。
4. 能进行商品包装、分拣、流通加工、配送和信息处理业务活动。

四、职业范围

本专业的毕业生面向合作企业的物流职业岗位群包括理货、仓库管理、物流客服、调度等，能够在一定程度上填补物流设备安装与维护及相关行业在应用型人才需求方面的短缺。如表 3–1 所示。

表 3–1　　职业范围

序号	就业岗位	技能证书名称	等级	颁发单位
1	仓库管理、物流客服、理货、统计	仓库保管员	四级	上海市人力资源和社会保障局
2	叉车司机、调度	叉车司机 / 电瓶叉车操作证	五级	上海市人力资源和社会保障局 / 国家市场监督管理总局

五、课程结构

课程结构如图 3–1 所示。

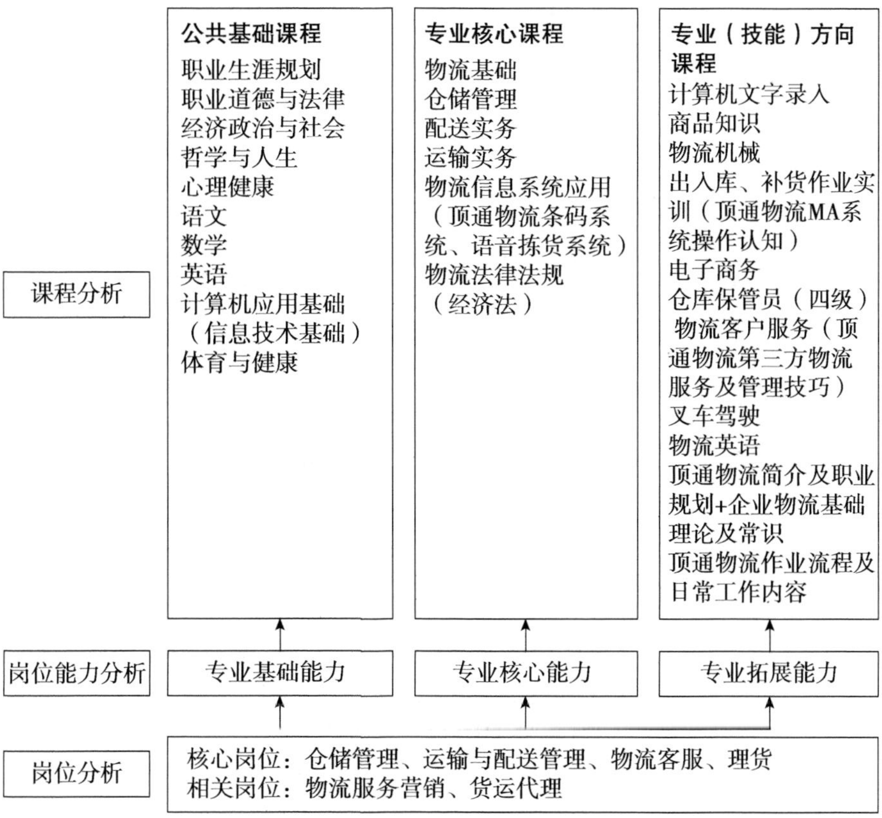

图 3–1　课程结构

六、课程内容与要求

（一）公共基础课程（见表3–2）

表3–2 公共基础课程

序号	课程名称	内容及教学要求
1	职业生涯规划	本课程是中等职业学校学生必修的一门德育课程，旨在使学生了解职业个性、职业选择、职业理想的基本知识与要求，形成依法就业、竞争上岗等符合时代要求的观念；学会依据社会发展、职业需求和个人特点进行职业生涯设计的方法；增强提高自身全面素质、自主择业、立业创业的自觉性
2	职业道德与法律	本课程是中等职业学校学生必修的一门德育课程，旨在对学生进行法律基础知识教育。其任务是使学生了解宪法、行政法、民法、经济法、刑法、诉讼法中与学生关系密切的有关法律基本知识，初步做到知法、懂法，增强法律意识，树立法制观念，提高辨别是非的能力；指导学生提高对有关法律问题的理解能力，对是非的分析判断能力，以及依法律己、依法做事、依法维护权益、依法同违法行为作斗争的实践能力，成为具有较高法律素质的公民
3	经济政治与社会	本课程是中等职业学校学生必修的一门德育课程。其任务是根据马克思主义经济和政治学说的基本观点，以科学发展观为指导，对学生进行经济和政治基础知识的教育。引导学生正确分析常见的社会经济、政治现象，提高参与社会经济、政治活动的能力，为在今后的职业活动中，积极投身社会主义经济建设、积极参与社会主义民主政治建设打下基础
4	哲学与 人生	本课程是中等职业学校学生必修的一门德育课程。旨在对学生进行马克思主义哲学知识及基本观点的教育。其任务是通过课堂教学和社会实践等多种方式，使学生了解和掌握与社会实践、人生实践和职业实践密切相关的哲学基本知识；引导学生用马克思主义哲学的立场、观点、方法观察和分析最常见的社会生活现象；初步树立正确的世界观、人生观和价值观，为将来从事社会实践打下基础
5	心理健康	心理健康作为中等职业学校学生德育课程的一门必修课，以邓小平理论、“三个代表”重要思想、习近平新时代中国特色社会主义思想为指导，深入贯彻落实科学发展观，坚持心理和谐的教育理念，对学生进行心理健康的基本知识、方法和意识的教育。其任务是提高全体学生的心理素质，帮助学生正确认识和处理成长、学习、生活和求职就业中遇到的心理行为问题，促进其身心全面和谐发展

续　表

序号	课程名称	内容及教学要求
6	语文	在初中语文的基础上，进一步加强现代文和文言文阅读训练，提高学生阅读现代文和浅易文言文的能力；加强文学作品阅读教学，培养学生欣赏文学作品的能力；加强写作和口语交际训练，提高学生应用文写作能力和日常口语实际水平。通过课内外的教学活动，使学生进一步巩固和扩展必需的语文基础知识，养成自学和运用语文的良好习惯，接受优秀文化熏陶，形成高尚的审美情趣
7	数学	在初中数学的基础上，进一步学习数学的基础知识，必学与限定选学内容如下：集合与逻辑用语、不等式、函数、指数函数与对数函数、任意角的三角函数、数列与数列极限、向量、复数、解析几何、立体几何、排列与组合、概率与统计初步。通过教学，提高学生的数学素养，培养学生的基本运算、基本计算工具使用、空间想象、数形结合、思维和简单实际应用等能力，为学习专业课打下基础
8	英语	在初中英语的基础上，巩固、扩展学生的基础词汇和基础语法；培养学生听、说、读、写的基本技能和运用英语进行交际的能力；使学生能听懂简单对话和短文，能围绕日常话题进行初步交际，能读懂简单应用文，能模拟套写语篇及简单应用文；提高学生自主学习和继续学习的能力，并为学习专门用途英语打下基础
9	计算机应用基础（信息技术基础）	在初中相关课程的基础上，进一步学习计算机的基础知识、常用操作系统的使用、文字处理软件的使用、计算机网络的基本操作和使用，掌握计算机操作的基本技能，具有文字处理能力，数据处理能力，信息获取、整理、加工能力，网上交互能力，为以后的学习和工作打下基础
10	体育与健康	在初中相关课程的基础上，进一步学习体育与卫生保健的基础知识和运动技能，掌握科学锻炼和娱乐休闲的基本方法，养成自觉锻炼的习惯；培养自主锻炼、自我保健、自我评价和自我调控的意识，全面提高身心素质和社会适应能力，为终身锻炼、继续学习与创业立业奠定基础

（二）专业核心课程（见表 3–3）

表 3–3　　专业核心课程

序号	课程名称	内容及教学要求
1	物流基础	通过教学，让学生掌握物流的基本概念、系统和功能，掌握物流规划、供应链及流通加工、配送中心管理等知识

续 表

序号	课程名称	内容及教学要求
2	仓储管理	通过教学，让学生了解仓储管理的作用，掌握仓库分类、商品入库验收、储存保管、商品养护、包装、装卸搬运、出库、仓库安全等专业知识
3	配送实务	通过教学，让学生掌握配送的概念、配送的程序、配送的方式和配送中心管理等业务知识和技能
4	运输实务	了解商品运输的任务和原则，掌握运输方式及其特点，掌握合理运输的概念和合理制订运输方案的方法，掌握运输业务流程和操作技能
5	物流法律法规（经济法）	课程主要讲授经济法在我国的发展过程、目前经济法的主要内容及其对经济活动的重要作用，要求学生掌握经济法的基本概念，了解经济法的主要内容，并能在实际工作中具备法治观念和法律意识
6	物流信息系统应用（顶通物流[①]条码系统、语音拣货系统）	本课程以物流信息系统的应用为重点，通过教学，让学生掌握从技术到设计再到应用的工作过程和物流信息沿采购—生产—仓储—运输—集散—销售的传递过程，比较全面地阐述了物流信息与物流信息系统的基本理论和实际应用。 认知顶通物流条码系统、语音拣货系统原理及操作过程

（三）专业（技能）方向课程（见表 3–4）[①]

表 3–4　　专业（技能）方向课程

序号	课程名称	内容及教学要求
1	计算机文字录入	通过教学，让学生了解计算机文字录入处理的基本要求，熟练掌握计算机文字录入处理操作技能
2	商品知识	讲授商品的分类、主要原料、性质、质量、养护、包装检验和鉴定的基础知识，根据具体的培养目标，使学生掌握百货、纺织品、家电等方面的专业商品知识
3	物流机械	通过教学，让学生了解现代化物流机械设备的种类、构造，掌握现代化物流机械设备合理选择及维护的基本方法

① 上海顶通物流有限公司简称顶通物流。

续　表

序号	课程名称	内容及教学要求
4	出入库、补货作业实训（顶通物流 MA 系统操作认知）	通过实训，掌握商品入库的业务操作流程、商品验收方法和入库办理手续及相关系统操作。 A. 入库作业实训 a. 入库订单处理：在仓储管理系统中，根据入库通知单的要求录入入库订单，生成作业计划，并打印入库单。 b. 入库验收作业：根据打印出的入库单，到收货理货区验收货物，并与送货人员进行交接；根据入库单上货物的名称和数量，进行实物验收，如遇实收货物数量与入库单上的数量不符或出现质量问题时，要在入库单上注明情况，并以实际数量入库；在入库单上签字确认。 c. 入库理货作业：利用手动搬运车从空托盘存储区取空托盘放到收货理货区，并将货物码放到托盘上。利用手持终端扫描货物标签和托盘标签完成组盘作业。 d. 入库搬运作业：利用手持终端扫描托盘标签，下载上架任务，获得目标货位地址，利用手动搬运车将货物从收货理货区运至托盘货架交接区。 e. 入库上架作业：用堆高车从托盘货架交接区取待上架托盘，并完成货物上架；利用手持终端确认货位地址。 B. 补货作业实训 通过实训，掌握补货业务操作流程、补货操作方法及相关系统操作。 a. 补货单处理：在仓储管理系统中按补货任务的要求，生成从托盘货架区至电子拣选区的补货单。 b. 补货作业：利用手持终端下载补货指令，获得补货货物的名称、数量及货位地址；利用堆高车完成下架作业，将货物从相应货位取出并放至托盘货架交接区；利用手持终端确认货位地址；利用手动搬运车将货物运至补货缓冲区；根据手持终端的提示，将规定数量的整箱货物搬运至电子拣选货架后面的补货链上；将货物拆零补货至电子拣选货架上对应商品的货位上。 C. 出库作业实训 通过实训，掌握出库业务操作流程、出库操作方法及相关系统操作。 a. 出库订单处理：在仓储管理系统中，根据出库通知单的要求录入出库订单，生成作业计划，并打印出库单。 b. 整箱出库作业：利用手持终端下载作业任务，获得货物的名称、数量及货位地址；利用堆高车完成下架作业，将货物从相应货位取出并放至托盘货架交接区，利用手持终端确认货位地址；利用手动搬运车将货物运至发货理货区。 c. 拣选作业：根据电子标签提示，拣选货物至周转箱；将拣选完成后的周转箱送入包装作业区。

续 表

序号	课程名称	内容及教学要求
4	出入库、补货作业实训（顶通物流 MA 系统操作认知）	d. 打包作业：将拣选完后的货物分类装入纸箱内；在出库单上标明包装箱数量；使用胶带封口，利用半自动打包机进行田字形打包。 e. 拣选搬运作业：利用手推车将拣选货物从包装作业区运至发货理货区。 f. 发货作业：对整箱出库和分拣出库分别复核确认，然后按出库单与送货人员分别进行交接，并在出库单上签字。 认知顶通物流 MA 系统操作，包括：客户基本资料维护、货物基本资料维护、承运车队基本资料维护、车辆基本资料维护、集卡单入库作业、直退收货作业、销退（强退）作业、缺货管理、库存盘点、库存调整、绩效管理报表、出货单查询、系统工作确认；配送点基本资料、配送点匹配、接受订接单作业、出货排车作业、转配订单作业、异常装载作业、报表单据打印、回单管理、KPI（关键绩效指标）系统
5	电子商务	通过教学，可以使学生全面掌握有关电子商务各个方面的基本知识，了解电子商务的技术知识。包括电子商务的定义与分类、电子商务的基本组成及交易过程，电子商务的基础技术，电子商务的 3 个关键环节（电子支付、物流管理和网络营销），电子商务系统的安全，构建电子商务网站，电子商务的法律问题以及电子政务的含义、基本内容，电子政务的发展及电子政务实施等
6	仓库保管员（四级）	通过教学，让学生掌握仓库保管员（四级）鉴定的要求和鉴定细目表的内容，掌握商品入库、储存堆码、商品养护、包装、出库和安全等基本理论和方法
7	物流客户服务（顶通物流第三方物流服务及管理技巧）	通过教学，让学生掌握物流客户服务基本概念、物流客户行为研究与市场定位、物流客户服务系统设计、物流客户服务的内容、物流客户满意度评价、物流客户的投诉与处理等。了解顶通物流第三方物流服务及管理技巧：探讨客户服务的技巧；了解常用的 MA 系统绩效管理报表的用途及导出方法。演示讲解物流公司职员制作各类报表、会议资料等日常工作文档时对 Excel 及 PPT 的常用功能需求的实际案例。了解车辆外包策略及自有车辆管理方法；5S 的执行与管理方法。结合供应链管理的理论知识进行案例分析的讲解。培养学生对物流运作统筹管理的视野角度及综合分析问题的能力

续　表

序号	课程名称	内容及教学要求
8	顶通物流简介及职业规划＋企业物流基础理论及常识	课程概述顶通物流的发展历史、背景、规模及企业文化；阐述顶通物流目前经营的主要物流业务形态、服务客户及营运现状，突出讲解顶通物流相对于其他物流公司的优势，在此基础上进一步详细介绍顶通物流的未来发展方向及人才需求、培养计划。 企业物流基础理论及常识课程讲述目前行业内物流公司的分类及对应的服务客户类型，按类型重点讲述国内知名物流企业的发展规模及物流服务水平。结合顶通物流的操作习惯及营运特点讲述顶通物流内部特有的物流名词或表达形式不同但是意思相同的名词；同时，列明一些主要的需要学生掌握的物流英语词汇以便后期快速上手操作MA系统及为将来引进欧美客户做准备。讲述仓储、运输、信息终端等设备，包括货架、叉车、托盘、分拣装置、手持移动终端、条码技术、月台装卸设备、防盗防损设备、物流加工、监控设备等。概述车辆的基本构造及原理，并进一步讲解货运车辆运营成本的构成、重泡货物配载基本方法、公路货运法规、道路工程基本知识（选讲）及货运车辆的基本维护保养常识。综合讲述国内公路运输、城市商超配送的现状，着重分析我国公路运输成本高昂及物流效率不及发达国家的主要原因，在分析微观物流成本基础上拓展讲解社会宏观物流成本对消费者物价指数（CPI）、社会经济发展等方面的影响
9	顶通物流作业流程及日常工作内容	结合顶通物流管理组织架构和配运中心（DC）级别分类，讲述顶通物流不同营运岗位设置（主要为营管、调度、仓管三大类）、人力编制方法；讲解营管、客服的作业流程及每个流程的主要作业内容；运务（运输事务）作业内容的讲解分为顶通物流内部作业、顶通物流外部作业，根据运务组内部的细分作业内容讲解运务的作业流程及每个流程的主要作业内容，作业内容分为：运务工作执掌、职责及职业道德要求，不同的运务功能职员每日常规例行作业内容，每月末例行作业内容等。根据仓储的细分作业内容讲解第三方物流仓储作业的流程及每个环节的主要作业内容。强调说明物流现场作业安全的重要性，对入职顶通物流前的学员进行充分的安全意识培养、安全常识的认知，以及加强对安全隐患的预判能力
10	叉车驾驶（特种车辆驾驶岗位证书）	通过教学和现场培训，让学生掌握叉车的基本构造、操作原理，掌握叉车驾驶证考核的要求和技能
11	物流英语	学生通过学习本门课程，可以了解物流工作的基本流程，包括包装、加工、库存管理、运输、商检、报关、装卸、配送、物流单据等物流专业英语词汇，能够进行国际物流单证的填写和录入

（四）顶岗实习课程（见表 3–5）

表 3–5　　顶岗实习课程

序号	课程名称	内容及教学要求
1	顶通物流企业学徒顶岗实习	安排学生到顶通物流企业仓管、客服、调度三个岗位轮岗学徒，学徒岗位内容如下。 **仓库管理（仓管）岗位** （1）收货管理：确认进货的品项、外包装、保质期、条码及数量并确认规划储位存放正确。 （2）出货管理：确认拣货正确、出货准时率管理、确认补货作业。 （3）退货管理：退货分类处理、退货品项 / 数量管理、退货率管理、包销管理。 （4）提高拣货作业效率及正确率。 （5）库存管理：负责管理所辖客户的货物，保证账实相符；先进先出管理、库存正确率 / 储位正确率 / 亏损率的管理。 （6）现场 6S 的执行。 （7）消防设备定期检查并及时记录相关信息。 （8）盘点工作的具体安排执行。 （9）所辖仓库的安全工作和货物保管防护工作。 （10）负责进库货物数量、质量的验收，签发验收交接单。 （11）负责建立货物出入库和库存台账。 （12）达成 KPI 当年度目标设定。 **客服岗位** （1）订单管理：每天跟踪、整理进货信息及时通知仓库进行收货，每日整理进销存账及相关各项单据。 （2）打印每日循环盘点报表，维护账目，制作正确率报表以及每月末及年中（终）盘点的执行 / 规划。 （3）负责处理服务故障和客户投诉，跟踪及分析消费者满意度。 （4）负责 KPI 及物流报表各项数据的产出，整理汇总提报。 （5）负责提报物流费用率。 （6）每天与客户核对库存及相关报表，进行对账，基本做到日清日结，每月底与客户进行库存确认。 （7）处理日常接单、回单及做账。 （8）定期与客户进行对账。 **调度岗位** （1）联系车辆并根据客户要求和车辆资源合理安排车辆进行配送，确保货物准时到达。 （2）打印路单排车汇总并进行路单整理。 （3）安排车位表。

续　表

序号	课程名称	内容及教学要求
1	顶通物流企业学徒顶岗实习	（4）协助现场管理，监督司机依规范装卸，及时处理异常情况。 （5）配送异常的分析及处理。 （6）协调客服、财务、仓库与跟车员、送货司机的操作关系，负责跟车员、送货司机的日常管理和配送培训、辅导。 （7）协助主管优化配送方案，降低配送成本，提高配送率和完成配送服务指标。 （8）负责日常单据的收集整理。 （9）达成 KPI 当年度目标设定。 学生在学徒期间，应了解和熟悉企业的基本情况，包括企业规模、人员、主要业态；了解企业安全知识和安全制度，做到安全第一；根据企业需要，服从安排。应虚心向企业导师学习，逐渐了解和熟悉所在企业的组织和管理、完成工作的质量要求、所用设备的操作要求。要尽力做到独立操作，能顶替企业员工上岗，锻炼自己的动手能力和操作能力。 1. 适应能力培养 学生在企业学徒实习，有一个从学生到学徒的角色转换过程，学徒的第一阶段是一个了解和适应工作环境的过渡阶段。这阶段学生主要了解、完成的任务项目为：①实习企业的基本情况；②企业考勤制度和作息时间；③企业的地理位置和交通路线；④企业导师的基本情况；⑤安全生产要求；⑥实习工作的主要设备和使用工具。 2. 岗位能力培养 学生根据企业需要在岗位上从事必要的实践操作，完成从理论到实际的认知过程，通过实习，学生的动手能力、工作态度和岗位意识得到提高。这一实习阶段学生可分两部分完成任务项目。 第一部分：对所在岗位的认识和描述。 （1）工作岗位的职责和特点。 （2）工作岗位的主要内容。 （3）岗位工作流程和操作程序。 （4）日常工作量的记录和分析（一天或一周情况）。 （5）知识运用情况。 第二部分：对生产流程的认识和描述。 （1）上下游岗位的工作内容和特点。 （2）所在岗位与上下游岗位的关联情况和工作要求。 （3）企业生产流程描述。 （4）企业管理架构。 （5）认知物流企业的特点。

续 表

序号	课程名称	内容及教学要求
1	顶通物流企业学徒顶岗实习	3. 专业能力培养 经过相关专业（仓库保管员或物流员）国家职业资格的培训和考核，实习学生具备从事物流职业的基本能力。经过前期实习，学生在这阶段完成由简单跟班劳动转向熟练操作、独立顶岗，并通过实习加深对在校所学的物流理论知识的理解和应用等。 （1）物流流程中各岗位的工作能力。 （2）操作设备、工具的熟练程度。 （3）物流信息管理能力。 （4）知识运用能力。 （5）企业运营情况的分析和建议。 4. 职业素质培养 学生社会能力和行为能力在顶岗实习期间通过劳动锻炼得到加强，在注重工作能力和岗位能力训练的同时，应同时对学生职业素质进行培养教育，在整个专业实习和顶岗实习阶段这部分内容的项目任务可以通过思想教育、职业辅导和班组会议完成。 （1）沟通能力和承受能力辅导。 （2）提高责任意识和改善工作态度。 （3）组织纪律训练
2	实习报告	每个学生结合企业实际完成顶岗实习报告
3	答辩	根据学生在顶岗实习中的表现、工作能力等情况，在顶岗实习结束后，由企业给出鉴定。每个学生结合企业实际完成顶岗实习报告后，参加答辩

（五）选修课课程（见表3–6）

表3–6 选修课课程

序号	课程名称	内容及教学要求
1	职业健康与安全	通过教学，使学生能严格遵循职业健康与安全工作程序，能正确使用仓库常用的个人防护设备，正确使用各种消防器材
2	生产物流管理	通过教学，使学生能了解生产运作和生产物流管理的基本概念，了解生产运作管理的目标和内容、运作战略、生产物流战略、运作系统设计方面的基本原理和方法，运作系统运行设计和选址布局决策、生产计划的制订、物料需求计划（MRP）的处理逻辑、生产作业计划与生产控制、制造资源计划（MRP II）和企业资源计划（ERP）的产生与发展、管理功能及实施策略等

续　表

序号	课程名称	内容及教学要求
3	物流营销实务	通过本门课程的学习，让学生掌握市场营销各环节的基本操作方法，能够制订营销计划，并能把市场调研和分析方法与物流行业应用相结合，同时，具有信息收集能力、市场机会识别能力，以及团队合作精神
4	第三方物流	通过本课程的学习，要求学生能够在物流操作过程中熟练链接第三方物流企业的运营管理流程，以实现物流管理各个环节的有效衔接
5	国际货运实务	通过本门课程的学习，使学生掌握国际货运实务的基本知识和基本技能，具备较强的国际货运实践操作能力和单据流转能力，熟悉国际货运相关国际惯例和法规，掌握国际货运业务基本技巧，能胜任国际货运企业或外贸企业国际货运岗位的工作
6	采购实务	通过本门课程的学习，让学生掌握一般采购业务操作流程、采购计划和预算编制、采购谈判与和合同订立等方面的知识，重点培养学生采购业务操作能力以及实施招标采购的能力、采购谈判的能力、对供应商选择与评价的能力等，为学生将来在物流管理专业领域的发展打下良好的基础
7	物流统计	通过本课程的学习，要求学生能够运用统计方法对物流企业的总体特征和发展规律进行描述、分析，包括：统计指标、数字特征、动态分析、指数分析和简单的趋势模型及抽样推断、假设检验、相关和回归分析
8	减少物流运营对环境的影响	通过本门课程的学习，让学生了解仓库中使用并可以起到减少对环境影响作用的政策和流程。了解物流行业对环境造成破坏的原因，知道在提高物流操作绩效的同时减少物流操作对环境影响的方法
9	优化使用物流资源	通过本门课程的学习，让学生了解物流企业优质资源的重要性，了解如何有效使用这些资源、获取资源的方法、核计资源获取费用，了解如何优化资源
10	物流操作实用技术	通过本门课程的学习，让学生理解良好沟通的重要性、理解识别资源与信息类型的重要性、理解跟上新技术的必要性、理解应用于技术的资源与系统、了解面临的新技术冲击与问题
11	解决物流操作中的问题	通过本门课程的学习，让学生理解物流企业现场迅速回答问题的重要性；理解正确的信息及正确沟通的重要性；理解应变计划的重要性；理解按期完成任务的重要性；理解需要做好准确记录的重要性
12	对物流部门的业务建立有效的帮助	通过本门课程的学习，让学生掌握在物流企业工作中做出决定的方法，提出优化物流企业工作流程的方式，学会做工作计划；理解物流公司的需要，更好地促进物流公司的运营

（六）职业能力培养体系表（见表3-7）

表3-7　职业能力培养体系

专业能力	社会能力	方法能力
（1）具备计算机操作能力和信息技术应用能力； （2）掌握物流管理基础知识； （3）具备仓储、配送操作与管理能力； （4）掌握物流运输规划的能力； （5）具备初步的物流营销能力； （6）具备基本的物流成本核算能力； （7）掌握物流法规与标准及实际应用能力； （8）掌握物流客户服务与营销技巧； （9）掌握电子商务与现代物流服务的要素及应用能力； （10）能在日常的业务管理和作业中贯彻执行职业健康与安全的程序	（1）具有良好的职业道德，遵纪守法； （2）具有良好的人际交流和沟通能力； （3）具有良好的团队合作精神和客户服务意识； （4）具有吃苦和再学习的精神； （5）具有主动工作的精神	（1）制订工作计划的能力； （2）解决实际问题的能力； （3）独立学习新知识、新技术的能力； （4）评估总结工作结果的能力； （5）计算机的办公软件、物流相关软件的操作能力

（七）教学活动时间分配（供参考）（见表3-8）

表3-8　教学活动时间分配　单位：周

学期	课堂教学	实践教学	顶岗实习	考试	入学、毕业教育	寒暑假	总计	备注
1	16	2	—	1	1	4	24	计算机应用基础（信息技术基础）
2	18	1	—	1	—	6	26	计算机文字录入
3	10	9	—	1	—	4	24	物流信息系统应用； 物流机械； 出入库、补货作业实训； 电子商务
4	15	4	—	1	—	6	26	仓库保管员（四级）； 物流员（四级）（仓储配送模块）
5	3	16	—	1	—	4	24	现代物流综合实训； 物流单证操作实训； 叉车司机； 企业见习
6			18	1	1		20	顶岗实习
合计	62	32	18	6	2	24	144	—

注：实践教学指在实训室进行的实操课程，其总课时除以28（每周按28课时），按去尾法，折合成周数。

（八）教学进程表（见表 3–9）

表 3–9　　学分 / 学年制教学进程计划

（执行期限：2015 年 9 月—2018 年 6 月）

课程类别		课程名称	学分	周课时	总课时	各学期教学周数、周课时分配					
						1	2	3	4	5	6
						19 周	19 周	19 周	19 周	19 周	19 周
公共基础课程	德育课程	职业生涯规划	2	2	38	2					
		职业道德与法律	2	2	38		2				
		经济政治与社会	2	2	38			2			
		哲学与人生	2	2	38				2		
		心理健康	2	4	40					4（前 10 周）	
	其他公共基础课程	语文	12	12	228	*4	*4	*4			
		数学	12	12	228	*4	*4	*4			
		英语	12	12	228	*4	*4	*4			
		计算机应用基础（信息技术基础）	6	6	114	^6					
		体育与健康	12	12	228	3	3	3	3		
		小计	64	66	1218/35.61%	23	17	17	5	4	0
专业核心课程		物流基础	4	4	76	4					
		仓储管理	4	4	76		*4				
		配送实务	2	2	38		2				
		运输实务	4	4	76			*4			
		物流信息系统应用（顶通物流条码系统、语音拣货系统）	4	4	76			4			
		物流法律法规（经济法）	4	4	76				*4		
		小计	22	22	418/12.22%	4	6	8	4	0	0

续　表

课程类别	课程名称	学分	周课时	总课时	各学期教学周数、周课时分配					
					1	2	3	4	5	6
					19周	19周	19周	19周	19周	19周
专业（技能）方向课程	计算机文字录入	2	2	38	1	1				
	商品知识	4	4	76			4			
	物流机械	4	4	76		4				
	出入库、补货作业实训（顶通物流MA系统操作认知）	6	6	114				6		
	电子商务	4	4	76				4		
	仓库保管员（四级）	6	12	120					^12（前10周）	
	物流客户服务（顶通物流第三方物流服务及管理技巧）	2	2	38			2			
	顶通物流简介及职业规划＋企业物流基础理论及常识	1	2	20					2（前10周）	
	顶通物流作业流程及日常工作内容	1	2	20					2（前10周）	
	叉车驾驶	8	8	152				^8		
	物流英语	4	4	76				*4		
	小计	42	50	806/23.57%	1	5	6	22	16	0
	顶通物流企业学徒顶岗实习	37	52	688					30（后9周）	22
	实习报告	6	6	114						6
	答辩	2	2	38						2
	小计	45	60	840/24.56%	0	0	0	0	30	30
选修课程	职业健康与安全/生产物流管理	2	2	38		2				
	减少物流运营对环境的影响/第三方物流	1	2	20					2（前10周）	

续　表

课程类别	课程名称	学分	周课时	总课时	各学期教学周数、周课时分配					
					1	2	3	4	5	6
					19周	19周	19周	19周	19周	19周
选修课程	优化使用物流资源/国际货运实务	1	2	20					2（前10周）	
	物流操作实用技术/物流统计	1	2	20					2（前10周）	
	解决物流操作中的问题/采购实务	1	2	20					2（前10周）	
	对物流部门的业务建立有效的帮助/物流营销实务	1	2	20					2（前10周）	
	小计	7	12	138/4.04%	0	2	0	0	10	0
总计		180	210	3420/100%	28	30	31	31	60	30

注：* 为考试课、^ 为考证课。

实行学分制的专业或专业（技能）方向请按《关于制定中等职业学校教学计划的原则意见》相关规定进行折算。如表 3-10 所示。

表 3-10　　毕业前应考取的岗位证书或技能证书名称

序号	岗位证书或技能证书名称	等级	颁发单位（部门）	培训需要的课时	培训日期要求	考核日期要求	备注
1	计算机与信息技术	5	上海市人力资源和社会保障局	114	见教学安排	第一学期期末	必考
2	特种车辆驾驶岗位证书	5	上海市人力资源和社会保障局	152	见教学安排	第四学期期中	必考
3	仓库保管员（四级）	4	上海市人力资源和社会保障局	114	见教学安排	第五学期期末	必考
4	英国现代学徒制证书	3	英国 real apprenticeship company offices（瑞尔学徒办公室）		见教学安排	第五、六学期（过程考核）	选考

（九）实践教学安排表（见表 3–11）

表 3–11　　实践教学安排

序号	实践教学课程	学分	周数	备注
1	计算机应用基础（信息技术基础）	6	3	机房授课及实操
2	计算机文字录入	2	1	机房授课及实操
3	物流信息系统应用	4	2	实训室授课及实操
4	物流机械	4	2	实训室授课及实操
5	出入库、补货作业实训	6	3	实训室授课及实操
6	电子商务	4	2	实训室授课及实操
7	仓库保管员（四级）	6	3	实训室授课及实操
8	叉车驾驶	8	4	实训室叉车场地
9	学徒顶岗实习	37	38	合作企业

注：上述实践教学课程实际安排时间为 19 周，其中扣除部分理论教学内容，实践操作时间如上所述。

2. 现代学徒制合作协议书

现代学徒制合作协议书

甲方（学校）：

乙方（企业）：

丙方（学生、学生家长）：

根据《教育部关于开展现代学徒制试点工作的意见》（教职成〔2014〕年 9 号）文件精神，甲乙丙三方本着合作共赢、职责共担的原则，充分发挥各自优势和潜能，创新合作机制，积极开展现代学徒制试点工作，形成校企分工合作、协同育人、共同发展的长效机制，不断提高人才培养的质量和针对性，促进职业教育主动服务当前经济社会进步，推动职业教育体系和劳动就业体系互动发展。经三方友好协商，相关事宜达成如下协议。

一、校企合作模式

学制三年共六学期，学生第一、二、三、四学期在企业与学校共同学习，第五学期前 10 周在学校，后 10 周在企业学习，第六学期在企业学习。

1. 联合培养。

2. 现代学徒制培养。

3. 工学结合。

二、专业、学制、规模

1. 专业：物流服务与管理。

2. 学制：三年中职。

3. 规模：18 人。

三、甲方权利和义务

1. 负责采取有效措施促进行业协会、企业等单位参与现代学徒制人才培养全过程。

2. 负责提供现代学徒制“××××× 班”办班及相关研究项目开展所需经费。

3. 负责现代学徒制“××××× 班”管理机构的筹建、学校工作人员的组成，教师队伍与专门管理人员的配备。

4. 负责联系合作企业共同做好现代学徒制“××××× 班”的生源和招生计划数申报、生源资格审查、考核选拔与招录、转专业、学徒协议签订、中途学生（学徒）退出善后安排、补录等招生招工工作。

5. 负责现代学徒制“××××× 班”学生（学徒）的学籍管理、毕业资格审核、毕业证书发放等。

6. 负责现代学徒制“××××× 班”学生（学徒）校内学习日常管理。

7. 负责提供现代学徒制“××××× 班”校内运行所需的教学场所、教学设备，包括多媒体教室、实训室、教学器材设备等。

8. 负责组织购买现代学徒制“××××× 班”学生（学徒）的在校责任险、学生意外伤害险等。

9. 负责与企业共同研讨现代学徒制人才培养计划，并制订人才培养方案。

10. 负责与企业共同制定岗位技能考核评价标准等。

11. 负责向上级教育行政主管部门申请支持和项目申报。

12. 负责现代学徒制试点工作经验的总结与推广。

四、乙方权利和义务

1. 采取有效措施积极参与现代学徒制人才培养全过程。

2. 负责现代学徒制“××××× 班”管理机构企业方工作人员、企业导师与专门管理人员的配备。

3. 负责协助学校共同做好现代学徒制“××××× 班”的生源和招生计划数申报、生源资格审查、考核选拔与招录、中途学生（学徒）退出善后安排、补录等招生招工工作。

4. 负责制定招工选拔标准、学徒协议或劳动合同等。

5. 负责现代学徒制“××××× 班”学生（学徒）在岗工作（学习）的日常管理。

6. 负责协助学校共同研讨现代学徒制人才培养计划，并制订人才培养方案。

7. 负责与校方共同制定岗位技能考核评价标准等。

8. 负责提供现代学徒制“××××× 班”企业运行所需的工作场所、工作设备等，保证学生（学徒）在岗工作学习时间不少于 6 个月。

9. 负责现代学徒制“××××× 班”企业技能培训的组织与运行。

10. 负责学生（学徒）在企业岗位培训、实习、工作的人身财产安全。

11. 负责现代学徒制“××××× 班”企业参与人员的津贴、交通费等费用的发放。

12. 负责协助学校向上级教育行政主管部门申请现代学徒制试点项目的支持及申报。

13. 负责推广现代学徒制试点工作经验。

五、丙方的责任与义务

1. 丙方应严格按照甲方和乙方制订的人才培养方案，认真学习，掌握相关的技术技能。

2. 丙方在校学习期间应服从甲乙双方的共同教育和管理，自觉遵守甲方制定的各项校园管理规定及各项教学安排，丙方在乙方公司实践教学期间，须遵守乙方依法制定的各项管理规定，严格保守乙方的商业秘密。

3. 根据甲乙双方制定的考核标准参加企业考核，考核成绩合格，则按照相关政策规定进行课程学分置换，以获取相应的课程学分。

4. 丙方在规定年限内，修完人才培养方案规定内容，达到毕业要求，准予毕业，由学校发给丙方入学专业的毕业证书。

5. 在学习期间，丙方如有以下行为，甲乙双方协商达成共识后有权将丙方劝退，由此产生的后果由丙方自行承担。

（1）在实践期间违反国家法律法规。

（2）丙方不服从甲乙双方制定的教学安排。

（3）严重违反甲方学生管理制度或乙方相关管理规定、劳动纪律。

6. 丙方在乙方的学习和实习期间的薪资，另行签订协议。

六、合同期限

双方合作期限为三年：×××× 年 × 月—×××× 年 × 月。

七、其他

1. 在协议实施过程中如出现争议，三方应友好协商解决，并可根据实际情况签订补充协议，补充协议与本协议具有同等法律效力。

2. 甲乙双方有关现代学徒制“××××× 班”人才培养的详细要求及具体计划，由双方专业人员另建附件。

3. 甲乙丙三方有关薪资和录用方面的详细要求，由三方人员另建附件。

4. 本协议未尽事宜，三方另行协商解决。

5. 本协议一式三份，三方各执一份，三方签（章）后生效。

甲方：	乙方：
（授权代表）：	（授权代表）：
日期：	日期：

丙方（学生）：

学生家长：

日期：

3. 现代学徒制试点班实习管理制度

现代学徒制试点班实习管理制度

一、上班制度

1. 学徒必须严格遵守企业的有关规章制度，进出企业必须出示有关证件，不迟到、不早退，按时进入指定的工作岗位，下班须办好交接手续，经企业导师允许后，方可离开。

2. 学徒进入工作场地前必须穿好工作制服，戴好劳保用品，做好一切准备工作，确保安全、文明生产。

3. 学徒不准擅自离开实训岗位，有事离岗须经组长或企业导师批准。返回岗位向班组或企业导师报告，同意后方可上岗。

4. 学徒必须听从企业导师指导，严格遵守安全操作规程，爱护设备，不乱动设备，不得无故损坏。如发现故障或异常现象，立即报告值班领导和企业导师，未经允许，不得任意拆卸或启动设备，确保人身、设备的安全。

5. 爱护工具、量具，节约原材料，认真做好所在岗位的设备保养，做好实训场地和工位的清洁卫生工作。

6. 在工作场所内，不准嬉闹、奔跑和大声叫喊，上班不准串岗、打瞌睡、干私活、看小说等，不准参加非企业组织的其他活动。

7. 尊重企业领导、企业导师和其他工作人员，听从安排、服从分配，安心本职工作，做到谦虚谨慎、勤学好问、刻苦钻研、学以致用、精益求精，提高操作技能，争取尽快达到顶岗实训的合格要求。

8. 严格遵守企业的保密制度，不得将技术或商业情报向外泄露，切实维护企业利益。

二、考勤制度

1. 学徒在轮岗实训期间实行双重考勤，即企业导师进行日常考勤，学校指导教师不定时抽查。

2. 学徒必须按时参加企业规定的上班、培训或其他活动，因故不能参加者，必须履行请假手续，否则按旷工论处。

3. 学徒原则上不允许请事假，如遇特殊情况，必须按照有关规定办理相关请假手续。

4. 学徒请病、事假，应经企业领导同意，请假三天以上者必须经学校审核。否则，按旷工和学校规章制度处理。

三、学徒期间安全管理与违纪管理制度

为了坚决贯彻“安全第一，预防为主”的方针，切实加强学徒期间安全教育，健全学徒期间安全管理，提高学徒的安全意识，确保学徒工作安全、顺利进行，特制定本部分内容。

1. 健全学徒安全管理组织，建立以校长为组长的学徒安全管理领导小组，下设学徒安全管理机构，学徒班主任、学徒指导教师为学徒安全责任人。

2. 建立学徒小组（黄渡和桃浦），组长负责本组人员的安全防范工作，如发生安全事故、学生患急病不能坚持工作、有学生擅自外出不归等，应立即告知学徒企业和学校，便于及时处理。

3. 学徒参加学徒实习前必须投保“平安保险”等险种，关于学徒工作期间学徒人身伤害事故的赔偿，依据《学生伤害事故处理办法》和有关法律法规处理。

4. 学徒要认真学好《劳动法》等法律法规，自觉接受岗位安全教育和安全技术培训，遵守学徒企业各项安全上岗制度和劳动纪律；同时确保人身、财物、饮食安全以及上下班路上交通安全。

5. 学徒在企业住宿，应注意寝室安全，严禁私拉、私接电线，严禁使用电炉、煤气灶、电水壶、热得快等用具，不准熄灯后点蜡烛，离开寝室要及时关门上锁。

6. 不在学徒企业工作区域私自接待同学、朋友，遇有急事应事先向学徒单位办好请假手续。经同意后，方可离岗。

7. 学徒因严重违纪或工作懒散等原因，被学徒企业辞退，学校将不再安排新的学徒企业，并将做出相应的纪律处分。

8. 学徒如对学徒企业的安排和处理有意见，应及时与学校联系并报告，由学校依据事实与学徒企业负责协商。学徒不得直接与学徒企业发生冲突，若无理取闹，给学校声誉造成不良影响者，学校将对其做出相应的处分。

9. 学徒企业应关心和爱护学生，原则上安排学徒学习时间一般每周不超过 40 小时，每天不超过 8 小时，每周休息 1 ~ 2 天。

10. 学徒企业原则上不得安排学生夜班实习、加班学徒和超时劳动，如确因工作需要临时加班，须经学徒本人同意，并通知其学校和监护人。

11. 学徒企业要加强对学徒上岗前的安全防护知识、岗位操作规程的培训，落实安全防护措施，预防发生伤亡事故。

12. 学徒在学徒期间有下列情况之一者，给予警告处分，学徒学分按规定学徒学分2/3计算。

（1）学徒期间，不服从企业管理，擅自行动，影响统一行动者。

（2）违反学徒企业考勤制度，累计迟到、早退5次或旷工3天者；未履行有效请假手续，私自调班者。

（3）学徒期间不遵守学徒企业的各项规章制度，不服从领导和企业导师的工作安排，并造成一定影响者。

（4）违反《中学生日常行为规范》和学徒企业生活管理规定，有经常醉酒、夜不归宿等行为，并对工作造成严重影响者。

13. 学徒在学徒期间有下列情况之一者，给予记过处分，学徒学分按规定学徒学分1/2计算。

（1）严重违反学徒企业的规章制度，给学徒企业造成财产或名誉损失，影响严重者。

（2）顶撞学徒企业的领导和企业导师，不服从管理和工作安排，影响严重者。

（3）参与打架斗殴、侵占公私财物者。

14. 学徒期间有下列情况之一者，给予留校察看及以上处分，学徒学分按规定学徒学分1/4计算。

（1）累计旷工达一周者。

（2）已受记过处分，仍严重违反学校和学徒企业规章制度者。

（3）学徒期间严重违反学徒企业的规章制度，给学徒企业造成重大财产或名誉损失，情节恶劣者。

（4）对学徒企业的领导和企业导师进行人格和人身伤害者。

（5）严重违反学徒企业生活管理规定，故意损毁公私财物和生活设施，情节恶劣者。

（6）带头打架斗殴、偷窃公私财物数额较大或有其他违法犯罪情节者。

四、现代学徒制管理督查办法

为了贯彻执行《上海市现代流通学校现代学徒制试点工作实施方案》精神，推动现代学徒制试点工作规范化、制度化，提高试点工作的质量和效率，特制定本办法。

（一）督查组织和成员

建立上海市现代流通学校现代学徒制试点工作督查工作小组，校长任组长，教学副校长任副组长，物流教研部正副主任为成员，督查工作小组办公室设在上海市现代流通学校教导事务部。

（二）督查内容

1. 学校学徒管理组织机构建立情况，试点班级、专业及学生情况，学徒指导教师队伍情况，试点工作计划及相关制度。

2. 学徒企业的资质、所提供的学徒岗位和企业导师情况以及学徒带教计划。

3. 学校与学徒企业协议，学校、学徒企业和学生家长协议，企业导师与学徒协议等的签订情况。

4. 学校的实习巡视、跟踪管理，学徒指导教师的专业指导，学徒档案管理情况。

5. 学徒企业的日常管理、学徒大纲的执行及企业导师技能传授情况。

6. 学徒的出勤、工作态度等情况。

7. 学徒的住宿、就餐、休息和业余生活等情况。

8. 学徒岗位轮训考核标准、办法和实施情况等。

（三）督查方式

通过“三听二查一看一访”，全面检查。

1. 三听：听取学校、学徒企业领导现代学徒制试点工作情况汇报；听取学徒班主任、指导教师和企业导师的座谈介绍：听取学徒的座谈汇报。

2. 二查：查阅学校、学徒企业关于现代学徒制试点的规章制度、工作职责等档案资料；查阅有关协议、计划、考核等各种台账资料。

3. 一看：实地督查学徒企业的现场指导、考核等情况。

（四）督查反馈

建立督查反馈体系，对督查情况进行通报反馈，对督查中发现的成绩、经验进行表扬、推广，并作为评比先进的主要依据，对督查中发现的问题督促其限期整改，不断提高学校现代学徒制管理水平。现代学徒制管理督查如表 3–12 所示。

表 3–12　　现代学徒制管理督查

<table>
<tr><td>试点学校</td><td></td><td>试点负责人</td><td></td></tr>
<tr><td>试点专业</td><td></td><td>试点班级</td><td></td></tr>
<tr><td>学徒管理组织建立情况</td><td colspan="3"></td></tr>
<tr><td>指导教师安排情况</td><td colspan="3"></td></tr>
<tr><td>试点工作计划和相关制度情况</td><td colspan="3"></td></tr>
<tr><td>协议签订情况</td><td colspan="3"></td></tr>
<tr><td>学校巡视跟踪管理情况</td><td colspan="3"></td></tr>
<tr><td>指导教师（导师、评估师）的专业指导情况；学徒档案管理情况</td><td colspan="3"></td></tr>
<tr><td>学徒企业</td><td></td><td>分管负责人</td><td></td></tr>
<tr><td>学徒企业资质</td><td colspan="3"></td></tr>
<tr><td>分管负责人</td><td colspan="3"></td></tr>
<tr><td>学徒情况及数量</td><td colspan="3"></td></tr>
<tr><td>学徒出勤、工作态度情况</td><td colspan="3"></td></tr>
<tr><td>学徒生活、管理情况</td><td colspan="3"></td></tr>
<tr><td>轮训岗位名称</td><td colspan="3"></td></tr>
<tr><td>企业导师选派情况</td><td colspan="3"></td></tr>
<tr><td>实习大纲执行情况</td><td colspan="3"></td></tr>
<tr><td>技能辅导情况</td><td colspan="3"></td></tr>
<tr><td>岗位技能</td><td colspan="3"></td></tr>
<tr><td>考核情况</td><td colspan="3"></td></tr>
<tr><td>督查意见</td><td colspan="3"></td></tr>
</table>

督查员：　　　　　　　　　　　　　　　　督查时间：

五、其他规定

1. 学徒必须遵纪守法，遵守社会公德，互帮互助，自尊自爱，自觉接受学徒企业、学校的双重教育和管理。

2. 学生进入学徒期须本人申请、家长同意，学校根据学生所学专业，选择并安排学徒企业，签订有关协议。

3. 学徒必须遵守学校对实习生的管理规定和安排，及时缴纳学费，按时参加学校组织的活动，认真记录实习日志，经常向学校、家长汇报实习情况。

4. 学徒必须参加轮岗实习考核和技能鉴定，做好实习总结，经学徒企业签署意见后交给学校。

5. 轮岗实习结束，学校组织优秀学徒参加评比工作，对优秀学徒进行表彰奖励。若学徒最终考核为不合格，须延长轮岗实习时间，直至考核合格，方可转为准员工，进行顶岗实习。

6. 学徒必须注意自身的学生形象，穿着朴素大方，举止文明，不得自行在外联系住宿，严禁吸毒、吸烟、喝酒、赌博、打架斗殴，不看不健康的书刊、音像，不进入“三室一厅”。

（二）学徒在岗学习单元标准及进度安排

1. 学徒在岗学习单元标准汇总

物流操作与管理
学徒在岗学习单元标准

学徒姓名：______________________

工作岗位：______________________

企业导师：______________________

评估师：______________________

单元 1：对企业做出有效贡献（见表 3–13）

表 3–13　对企业做出有效贡献的标准

学习目的	评估标准	证据类型（Ob– A/P– APL– EP– WT–CH–PS–Q–GD–LP–WB）	
		证据参考编号	日期
1. 知道如何对企业做出有效贡献	1.1 知道企业相关的企业规章、组织结构、经营理念		
	1.2 知道自己的工作职责以及自己的职业发展路径		
	1.3 知道自己及部门的工作要求和产出		
	1.4 知道企业的五大费用所包含内容		
	1.5 知道如何与他人进行有效的沟通		
	1.6 知道如何处理工作中遇到的困难		
2. 能够对企业做出有效贡献	2.1 能够遵守企业相关的企业规章和制度		
	2.2 能够明确自己与同事的工作任务、优先事项和责任		
	2.3 能够根据企业的要求执行工作任务		
	2.4 能够确保个人形象、设备和工作区域符合企业的要求		
	2.5 能够在自己的职责内及时响应他人的请求		
	2.6 能够与他人进行有效的沟通		

评估师签名：__________　　日期：__________

学徒签名：__________　　日期：__________

单元2：物流作业中维持健康与安全（见表3–14）

表3–14　　物流作业中维持健康与安全的评估标准

学习目的	评估标准	证据类型（Ob– A/P– APL– EP– WT–CH–PS–Q–GD–LP–WB）	
		证据参考编号	日期
1. 知道如何在物流作业中维持健康与安全	1.1 遵守企业在物流作业中维持健康与安全相关的企业规章和工作要求		
	1.2 知道不同作业所使用的个人防护设备以及正确的使用方法		
	1.3 知道物流作业中健康与安全问题的种类		
	1.4 知道逃生线路和集合点的位置		
	1.5 知道作业各环节中出现紧急安全事故应对方法		
	1.6 知道企业对员工进行健康和安全意识培训的重要性		
2. 能够在物流作业中维持健康与安全	2.1 能够遵守在物流作业中维持健康与安全方面相关的企业规章和工作要求		
	2.2 能够正确使用个人防护设备		
	2.3 能够正确地操作安全设施与设备		
	2.4 能够识别作业中存在的健康与安全隐患，并提出解决方案		
	2.5 能够对事故或应急事件做记录，并向有关人员汇报		
	2.6 能够积极采取行动，防止伤害、盗窃或损坏发生		

评估师签名：＿＿＿＿＿＿＿＿＿＿　　日期：＿＿＿＿＿＿＿＿＿＿

学徒签名：＿＿＿＿＿＿＿＿＿＿　　日期：＿＿＿＿＿＿＿＿＿＿

单元 3：与同事建立有效的工作关系（见表 3–15）

表 3–15　与同事建立有效的工作关系的评估标准

学习目的	评估标准	证据类型（Ob– A/P– APL– EP– WT–CH–PS–Q–GD–LP–WB）	
		证据参考编号	日期
1. 知道如何与同事建立有效的工作关系	1.1 知道上下游同事的工作职责		
	1.2 知道在企业中如何与上下游同事进行沟通		
	1.3 知道自己与团队工作的质量标准		
	1.4 知道同事反馈对提升个人工作效率的重要性		
	1.5 知道如何识别他人的帮助请求并合宜地响应		
2. 能够与同事建立有效的工作关系	2.1 能够与同事清晰且准确地确认任务、工作重点和职责		
	2.2 能够使用适当的沟通方式与同事交流		
	2.3 能够有效处理无法达成的同事请求，并提出合适的替代方案		
	2.4 能够向上级主管请教有关工作成果和绩效表现的反馈意见		
	2.5 能够通过主管或企业导师的反馈建议自我反省		
	2.6 能够识别不利于工作关系的误会和冲突，并快速有效地找出解决措施		

评估师签名：__________________　　日期：__________________

学徒签名：__________________　　日期：__________________

单元 4：事业处采购作业（见表 3–16）

表 3–16　　事业处采购作业的评估标准

<table>
<tr><th rowspan="2">学习目的</th><th rowspan="2">评估标准</th><th colspan="2">证据类型
（Ob– A/P– APL– EP– WT–CH–PS–Q–GD–LP–WB）</th></tr>
<tr><th>证据参考编号</th><th>日期</th></tr>
<tr><td rowspan="6">1. 知道如何进行事业处的采购作业</td><td>1.1 知道事业处采购作业的上下流程</td><td></td><td></td></tr>
<tr><td>1.2 知道商品主档维护包含的信息内容和所使用的系统端口</td><td></td><td></td></tr>
<tr><td>1.3 知道商品订购的作业流程及注意事项</td><td></td><td></td></tr>
<tr><td>1.4 知道门店欠品的产生原因及应对方法</td><td></td><td></td></tr>
<tr><td>1.5 知道返品的产生原因及处理返品的流程</td><td></td><td></td></tr>
<tr><td>1.6 知道绩效管理（责任品类）的工作方法</td><td></td><td></td></tr>
<tr><td rowspan="6">2. 能够进行事业处的采购作业</td><td>2.1 能够按企业要求进行供应商的管理工作</td><td></td><td></td></tr>
<tr><td>2.2 能够进行商品主档管理</td><td></td><td></td></tr>
<tr><td>2.3 能够按工作库存管理的作业要求进行库存管理工作</td><td></td><td></td></tr>
<tr><td>2.4 能够处理商品订购的作业流程</td><td></td><td></td></tr>
<tr><td>2.5 能够应对门店欠品</td><td></td><td></td></tr>
<tr><td>2.6 能够处理返品作业</td><td></td><td></td></tr>
</table>

评估师签名：________________　　日期：________________
学徒签名：________________　　日期：________________

单元 5：事业处客服工作（见表 3–17）

表 3–17　　事业处客服工作的评估标准

学习目的	评估标准	证据类型（Ob– A/P– APL– EP– WT–CH–PS–Q–GD–LP–WB）	
		证据参考编号	日期
1. 知道如何进行事务处客服工作	1.1 知道事业处客服工作的上下流程		
	1.2 知道企业客服工作互动的方法、流程及要求		
	1.3 知道客服日常管理的工作内容		
	1.4 知道客服工作中如何处理差异追踪及改善的方法		
	1.5 知道处理客户需求的方法		
	1.6 知道如何描述门店投诉案例并列举相应的解决方案		
2. 能够进行事务处客服工作	2.1 能够遵守办公室行为礼仪规范		
	2.2 能够进行客服日常管理（客服电话处理、订单管理、门店协调事宜、客户需求处理等）		
	2.3 能够进行客服追踪		
	2.4 能够处理门店投诉		
	2.5 能够完成差异追踪及改善工作		
	2.6 能够系统地完成公司资讯通信的各项工作		

评估师签名：＿＿＿＿＿＿＿＿＿＿　　日期：＿＿＿＿＿＿＿＿＿＿
学徒签名：＿＿＿＿＿＿＿＿＿＿　　日期：＿＿＿＿＿＿＿＿＿＿

单元6：常温、低温DC库务组作业（见表3–18）

表3–18　　　　常温、低温DC库务组作业的评估标准

学习目的	评估标准	证据类型（Ob– A/P– APL– EP– WT–CH–PS–Q–GD–LP–WB）	
		证据参考编号	日期
1. 知道如何应对常温、低温DC库务组作业	1.1 描述企业对进货管理的相关工作要求		
	1.2 描述常温、低温商品进货管理流程		
	1.3 描述常温、低温商品进货主要查验信息		
	1.4 知道常温、散货以及低温、冷藏出货复核作业流程		
	1.5 说明常温、散货、高单、酒类、整箱、冷藏、冷冻、理货的作业流程及注意事项		
	1.6 描述理货破损处理作业流程		
	1.7 说明企业对于常温管理绩效、低温管理绩效的KPI管理的方法		
	1.8 说明企业对于仓储管理系统（WMS）使用的要求		
2. 能够应对常温、低温DC库务组作业	2.1 能够按要求完成常温、低温进货作业		
	2.2 能够按要求查验常温、低温进货信息		
	2.3 能够按要求完成常温、散货复点以及低温、冷藏出货复核作业流程		
	2.4 能够按要求完成常温、低温返品作业		
	2.5 能够按要求完成理货破损处理作业		
	2.6 能够按要求完成安全管理工作		
	2.7 能够用WMS进行简单的异常品处理作业		

评估师签名：＿＿＿＿＿＿＿＿＿＿　　日期：＿＿＿＿＿＿＿＿＿＿

学徒签名：＿＿＿＿＿＿＿＿＿＿　　日期：＿＿＿＿＿＿＿＿＿＿

单元7：常温、低温DC配送组作业（见表3–19）

表3–19 常温、低温DC配送组作业的评估标准

<table>
<tr><th rowspan="2">学习目的</th><th rowspan="2">评估标准</th><th colspan="2">证据类型
（Ob– A/P– APL– EP– WT–CH–PS–Q–GD–LP–WB）</th></tr>
<tr><th>证据参考编号</th><th>日期</th></tr>
<tr><td rowspan="8">1. 知道如何做好常温、低温DC配送组作业</td><td>1.1 知道企业常温、低温装车作业流程的相关工作要求</td><td></td><td></td></tr>
<tr><td>1.2 知道企业关于安全管理的工作要求</td><td></td><td></td></tr>
<tr><td>1.3 知道企业到、离库作业流程</td><td></td><td></td></tr>
<tr><td>1.4 知道操作运输管理系统（TMS）的方法</td><td></td><td></td></tr>
<tr><td>1.5 描述如何进行路线规划及管理</td><td></td><td></td></tr>
<tr><td>1.6 知道行车作业流程</td><td></td><td></td></tr>
<tr><td>1.7 知道回车交接作业流程</td><td></td><td></td></tr>
<tr><td>1.8 说明本岗位中的KPI管理内容</td><td></td><td></td></tr>
<tr><td rowspan="6">2. 能够完成常温、低温DC配送组作业</td><td>2.1 能够按要求完成到库、离库作业</td><td></td><td></td></tr>
<tr><td>2.2 能够熟练操作TMS</td><td></td><td></td></tr>
<tr><td>2.3 能够合理进行路线规划及管理</td><td></td><td></td></tr>
<tr><td>2.4 能够完成行车作业</td><td></td><td></td></tr>
<tr><td>2.5 能够完成回车交接作业</td><td></td><td></td></tr>
<tr><td>2.6 能够按要求完成安全管理的相关工作内容</td><td></td><td></td></tr>
</table>

评估师签名：________________ 日期：________________

学徒签名：________________ 日期：________________

单元 8：店员（见表 3–20）

表 3–20　　店员岗位评估标准

学习目的	评估标准	证据类型（Ob– A/P– APL– EP– WT–CH–PS–Q–GD–LP–WB）	
		证据参考编号	日期
1. 知道如何做好店员工作	1.1 知道门店设备的操作方法及保养步骤		
	1.2 知道门店收银相关工作要求		
	1.3 知道门店商品管理的方法		
	1.4 知道门店订货作业流程及注意事项		
	1.5 知道如何进行人员储备及教育训练		
	1.6 知道店员岗位的绩效管理内容		
2. 能够做好店员工作	2.1 能够熟练操作门店设备并定期保养		
	2.2 能够按要求完成门店收银工作		
	2.3 能够按要求完成门店商品管理		
	2.4 能够按要求完成门店订货作业		
	2.5 能够按要求对人员进行教育培训		
	2.6 能够完成人员岗位绩效考核管理工作		

评估师签名：＿＿＿＿＿＿＿＿＿＿　　日期：＿＿＿＿＿＿＿＿＿＿

学徒签名：＿＿＿＿＿＿＿＿＿＿　　日期：＿＿＿＿＿＿＿＿＿＿

2. 学徒在岗学习进度安排（见表 3–21）

表 3–21　　物流服务与管理专业学徒在岗学习进度安排示例

课程类别		课程名称	指导学习时间（小时）	学分	开始单元及完成单元教学安排（月份）											
					9	10	11	12	1	2	3	4	5	6	7	8
核心课程		数学	15	5												
		英语	15	5												
		计算机应用基础	15	5												
专业课程	必修单元	单元 1：对物流部门的业务建立有效的帮助	10	3												
		单元 2：职业健康与安全	20	3												
		单元 3：优化使用物流资源	20	2												
	选修单元	单元 4：监督商品的验收、贮存和发运	20	6												
		单元 5：减少物流运营对环境的影响	15	3												
		单元 6：向客户提供物流服务	18	3												
		单元 7：应对物流运营中的问题	18	4												
		单元 8：物流操作实用技术	18	4												
合计			184	43												

（三）学徒练习手册

1. 学徒核心技能综合练习册示例

物流操作与管理

三级

核心技能综合练习册

（包括数学、语文和计算机应用）

姓名：________________

单位：________________

目录

一、数学部分

（一）任务说明

1. 在开始任务之前，您需要做出一个合适的项目计划，并进行阐述说明（包括如何获得相关数据，数据来源有哪些，可使用的方法有哪些，期望得到什么结果，最后做出结论）。

2. 您必须保留所有的草稿信息，包括原有的数据统计表或者信息搜集来源表，并提交给您的评估师。

3. 整个计算过程都应展现在练习册上，以便您的评估师与您一起讨论作业。

4. 绝对不允许您用自己提出的数据作为来源，数据必须是真实的，而不是自创的。

（二）任务 1：制作数据统计表

您需要从工作场所收集 10 天（两周的工作日，分别是周一到周五）的 20 组数据，每天 2 组数据，上午一组，下午一组。这些数据能够对您的工作岗位有所帮助，并可被制作为数据统计表。数据可以是拣货批次 / 包装货物批次 / 处理退货批次。

（三）任务2：计算日平均值、日波动范围、每日百分比和增长率

根据任务1中所收集的数据，请计算以下内容。

1. 周一至周五每日的平均值。例如，

$$周一的平均值=\frac{两周周一上午总数据+两周周一下午总数据}{4},$$

从计算结果中可以得出什么结论？

2. 日波动范围，计算公式例如，

$$周一的波动范围=\left|周一下午的数据-周一上午的数据\right|,$$

从计算结果中可以得出什么结论？

3. 每日百分比。计算公式例如，

$$周一所占的百分比=\frac{两周周一的数据总和}{两周周一至周五数据总和}\times100\%,$$

从计算结果中可以得出什么结论？

4. 日同比增长率和日环比增长率。计算公式例如，

$$周一同比增长率=\frac{本周周一数据-上周周一数据}{上周周一数据}\times100\%,$$

$$周二环比增长率=\frac{周二数据-周一数据}{周一数据}\times100\%,$$

从计算结果中可以得出什么结论？

（四）任务3：制图

用至少2种不同的图形来呈现您在任务1中所收集的数据，可以是曲线图、柱形图、饼状图等，该图须包括图表标题和坐标轴标题，然后对图中数据进行分析，写出您的结论，并和您的评估师讨论。

二、语文部分

（一）任务 4：小组讨论

针对工作中出现的某一问题，分组进行讨论并提出解决方案。个人参与讨论，需要提出有建设性的意见，参与讨论时间不得少于 5 分钟（注意分配好小组成员说话比例）。

（二）任务 5：演讲（见图 3–2）

图 3–2　演讲主题

阅读以上漫画，选择合适的角度，根据自己参加现代学徒培训的实际经历，制作 PPT，进行不少于 4 分钟的演讲。

三、计算机应用部分

（一）任务说明

使用合适的搜索引擎，在网络上收集有关的资料，如网上购物。在开始任务之前，请写出您的计划（需描述您将做些什么，如何去做，做的原因和做后所期望的结果是什么）。

（二）任务6：使用搜索引擎查找资料并分析

根据本部分“任务说明”中的计划，使用搜索引擎查找资料并进行分析。您需要展示在每一个阶段时所做的内容，并对屏幕进行截图。整个过程中须采用文字、表格、图片等进行辅助说明。

（三）任务7：文字处理

1. 启动Word2010，新建文档：JSJ学徒姓名.doc，录入以下文字。在E盘创建文件夹E：\JSJ\，并将新建文档存于所建文件夹中（此处“学徒姓名”应为学徒的真实名字，如学徒王二，文档命名为：JSJ王二.doc）。

英国的学徒制可以追溯到中世纪时期，并于1563年首次通过正规的条例与监督立法的形式正式规范化。1802年，《学徒制健康与道德法》的通过进一步从立法上保证了学徒制的正规有效发展。到19世纪末，英国的学徒制教育已经从艺术工匠拓展到建筑与印刷，以及之后的一些新型行业包括工程师、造船师、管道工以及电气工程师等。到19世纪60年代，英国的学徒人数达240000人，但同时学徒制也受到了种种诟病与挑战。到1890年，参与学徒制的人数骤减至53000人。到19世纪90年代中期，政府开始重建学徒制，将更多的当代经济以及基础知识体系纳入学徒制建设中。自1997年至今，英国现代学徒制在不断地发展并走向成熟。1998年，英国设立了培训标准协会，致力于监测企业的学徒制执行情况，2007年起该项职责被转交至Ofsted（英国教育标准局，是英国国家职业标准制定者）。

现代学徒制的组成元素有认证机构、外审员、内审员、评估师、企业和学校。企业是人才需求方和技能培训方，学校是人才供给方，评估师是职业技能标准指导员和第一道培训质量控管方，内审员是第二道培训质量控管方，外审员是第三道培训质量控管方，认证机构认证最后的质量确认，是发证方。

2. 打开E：\JSJ\JSJ学徒姓名.doc，对其进行排版修饰，将结果存入原文件。

（1）为文章添加艺术字标题“CNAPS试点的网络结构”，字体为华文新魏，字号32号，居中；

（2）将除标题以外的正文内容设置为：楷体、字号四号、蓝色，两端对齐，字符间距加宽1磅，行距为1.5倍；

（3）将文章中所有的英文字母（标题除外）设为橙色、加粗、小三号；

（4）对第二段实现首字下沉，下沉三行，距正文0.5厘米；

（5）为第三段添加边框（线型为虚线，红色，宽度1.5磅）和底纹（黄色）；

（6）对文章进行页面设置：纸张类型为B5，上下边距为1.6厘米，左右边距为1.8厘米；

3. 将排版后的文章用电子邮件的形式传送给评估师，与评估师讨论录入和排版的准确性（注意将Word文件添加到附件进行发送）。

（四）任务8：Excel操作

1. 绘制表3-22，并以“学徒姓名.xls”为名，将绘制的表格保存于文件夹E：\JSJ\中。

表 3-22　学徒姓名

姓名	班级	语文	数学	英语	物理	化学	平均分	名次
毛华江	023	55	75	94	94	90		
五明军	021	56	82	77	98	93		
吴明科	024	69	95	87	78	86		
杨慧芬	022	49	84	89	83	87		
姚卉	021	54	78	90	83	83		
梁埭	023	47	85.5	69	90	89		
钱焕	024	59.5	76	73	100	84		
王岚运	022	46	82	79.5	91	92		
徐德庆	024	53	81	75	87	88		
程诗波	023	61	83	81	92	64		
翟强	021	48	90	79	88	83		
洪丹	023	50	84	85	92	91		

2. 操作要求如下。

（1）使用公式或函数，计算出每名学生的平均分、名次（保留一位小数）。

（2）用条件格式将单科成绩中大于或等于 90 分的用红色、倾斜字体显示；小于 60 分的用绿色、加粗字体表示。

（3）在表 2（Sheet2）中产生筛选后的英语成绩大于 80 分的结果。

（4）为表格添加标题“学生成绩统计表”，楷体、字号 20 号、加粗，跨列居中。表内数据为宋体，字号 10 号，居中。

（5）为表格加上边框线：外边框为黑色双线，内边框为黑色细线。

3. 将处理后的表单用电子邮件的形式传送给评估师，与评估师讨论录入和排版的准确性（注意将 Excel 文件添加到附件进行发送）。

物流操作与管理

三级

核心技能综合练习册

（包括数学、语文和计算机应用）

完成日期：____________________

学徒签名：____________________

评估师签名：__________________

2. 学徒单元综合练习册示例

仓管岗位储备班组长

（等同英国三级）

单元综合练习册

（共计 10 个单元）

姓名：____________________

单位：____________________

一、企业经营理念、规章制度、组织结构等

请根据表 3–23 中左侧的要求在右侧的空白处列举出您所在企业相关的经营理念、规章制度、组织架构等通识类内容。

表 3–23　　企业相关的通识类内容

序号	类别	详细内容
1	集团的经营理念	
2	公司的规章制度	
3	公司的组织架构	
4	公司的五大费用	

二、对业务做出贡献（Unit 1）

1. 个人岗位职责

请在表 3–24 的空白处填写您所在岗位的包括岗位职责在内的各项资料。

表 3–24　　所在岗位的相关资料

岗位名称		职位级层	
分管部门			
直接上级		直接下属	
职位概要			
岗位职责			
KPI 要求			

2. 职业生涯发展路径

请在下面空白处画出公司的职业生涯发展路径。

3. 有效沟通

工作中有效及恰当的沟通是必要的。请在表 3–25 的空白处填写五种工作中与他人进行有效沟通的方法以及如何使用这些沟通方法与他人进行有效的沟通（至少列举 3 项）。

表 3–25　　有效沟通方法

沟通方法	使用的场景	如何使用这些沟通方法

4. 工作中的问题处理

请在表 3–26 中列举您在日常工作中可能遇到的问题或阻碍，并谈谈您是如何处理这些问题或阻碍的（至少列举 3 个）。

表 3–26　　工作中遇到的问题或阻碍及解决方法

工作中遇到的问题或阻碍	解决方法

三、物流作业中的健康与安全（Unit 2）

1. 安全防护设备

物流作业中需要注意安全，进入仓库需要佩戴、使用各种安全防护设备，请根据实际情况填写表 3–27。

表 3–27　安全防护设备

设备种类	图片	使用方法	注意事项

2. 安全问题种类

仔细查看图 3–3，从中找出潜在的危害，并在下面空白处写出。

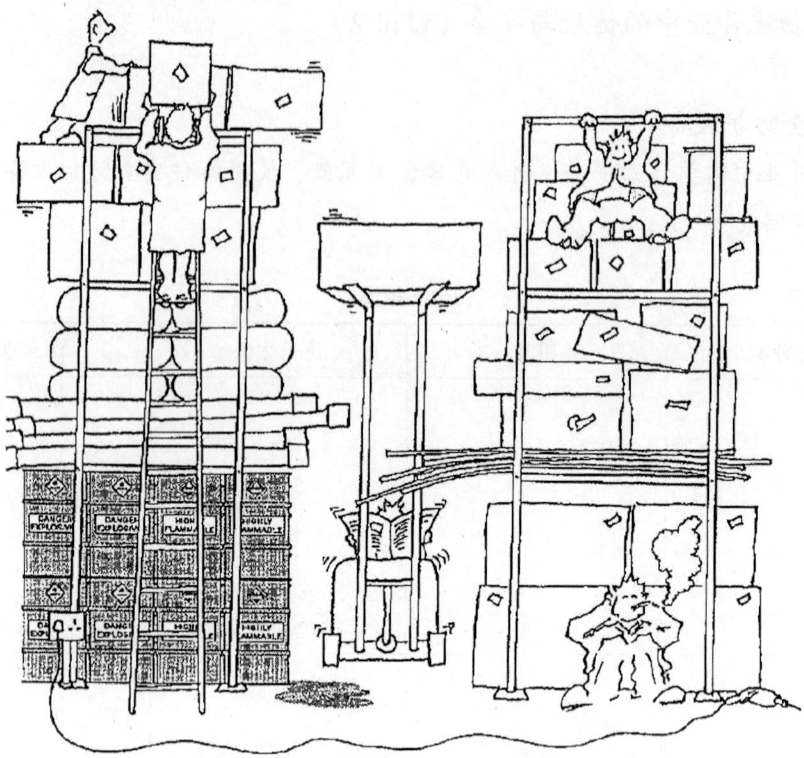

图 3–3　物流作业中潜在的危害

3. 逃生线路和集合位置

请结合企业实际，画出工作场所中的逃生线路和集合位置。

4. 工作场所中的事故和应急程序

请思考一下工作场所中可能会发生的事故，完成表 3–28（至少列举 3 项）。

表 3–28　　工作场所中的事故和应急程序

地点	事故种类	指定负责人	应急程序

四、在物流作业中与同事形成有效的工作关系（Unit 3）

1. 上下游同事的工作职责

作为一名公司员工，有些事情要与自己的上下游同事沟通交流，了解他们的工作职责可以更好、更快地为工作上的事找对应的人员解决，避免浪费时间，提高工作效率。请填写表 3–29。

表 3–29　　上下游同事的工作职责

工作对象	岗位名称	岗位职责

2. 与上下游同事进行沟通

工作中有效及恰当的沟通是必要的，对于不同的人我们的沟通交流方式亦不同。请在表 3–30 的空白处填写工作中与上下游同事进行有效沟通的方法，以及如何使用这些方法与上下游同事进行有效的沟通（至少列举 3 项）。

表 3–30　　与上下游同事进行沟通

沟通方法	使用的对象	如何使用这些沟通方法

五、事业处采购作业（Unit 4）

1. 事业处采购作业的流程

请在下框填写事业处采购作业的流程。

2. 商品订购的作业流程及注意事项

请根据工作经历画出商品订购的作业流程，并阐述相关注意事项。

3. 门店欠品管理

请描述门店欠品的产生原因及应对方法。

六、事业处客服作业（Unit 5）

1. 事业处客服作业的职责工作细项

请根据所学知识填写表 3–31。

表 3–31　事业处客服作业的职责工作细项

序号	岗位职责	职责工作细项
1	客户工作互动	
2	日常管理	
3	差异追踪及改善	
4	资讯通信	

2. 处理门店投诉

请在表 3–32 中举例说明您在日常工作中遇到的客户投诉案例，并阐述在处理该问题时您的作用、您的权限以及汇报对象。

表 3-32　　处理门店投诉

案例说明：
我的作用：
我的权限：
汇报对象：

3. 了解客户需求

请在表 3-33 中列举典型的外部客户和内部客户、了解客户需求的方法、满足客户需求的措施，并阐述了解客户需求的重要性。

表 3-33　　了解客户需求

分类	对象	了解客户需求的方法	满足客户需求的措施	了解客户需求的重要性
内部客户				
外部客户				

七、常温 DC 库务组作业（Unit 6）

1. 常温理货作业

请在表 3–34 中填写常温理货作业流程及注意事项。

表 3–34　　常温理货作业流程及注意事项

序号	品项	作业流程	注意事项
1	常温		
2	散货		
3	高单		
4	酒类		
5	整箱		

2. 处理返品作业

请描述返品产生的原因，并画出处理返品的作业流程图。

表 3–35　　返品产生原因及作业流程图

产生原因：
作业流程图：

八、低温 DC 库务组作业（Unit 7）

1. 低温进货作业

请在表 3–36 中填写低温进货作业流程及注意事项。

表 3–36　低温进货作业流程及注意事项

品项	进货管理程序	主要查验信息	厂商到货作业指导书
低温商品			

2. 低温出货作业

请阐述低温出货复核作业流程及低温商品出货管理程序。

3. 低温理货作业

请在表 3–37 中填写低温理货作业流程及注意事项。

表 3–37　低温理货作业流程及注意事项

序号	品项	作业流程	注意事项
1	冷藏		
2	冷冻		

九、常温、低温 DC 配送组作业（Unit 8）

1. 常温配送组岗位职责

请在表 3–38 中填写常温配送组岗位职责及注意事项。

表 3-38　　常温配送组岗位职责及注意事项

序号	岗位职责	职责工作细项及注意事项
1	出货管理	
2	配送管理	
3	路线管理	
4	车辆调度	
5	安全管理	

2. 低温配送作业流程

请在表 3-39 中填写低温配送组作业流程。

表 3-39　　低温配送组作业流程

序号	事项	作业流程
1	到库	
2	离库	
3	低温到店作业	

十、店员作业（Unit 9）

1. 岗位职责明细

请在表 3-40 中填写店员岗位职责及注意事项。

表 3-40 店员岗位职责及注意事项

序号	岗位职责	注意事项
1	落实门店作业	
2	人员储备及教育训练	
3	绩效管理	

2. 门店设备管理

请在表 3-41 中罗列门店设备种类，并填写操作步骤及保养步骤。

表 3-41 门店设备种类、操作步骤及保养步骤

序号	门店设备种类	操作步骤	保养步骤
1			
2			
3			

3. 门店收银作业

请在表 3-42 中填写与门店收银作业操作模块的作业流程。

表 3-42 门店收银作业操作模块的作业流程

序号	岗位职责	作业流程
1	门店收银作业	
2	门店营业礼仪	
3	营业技巧	
4	特殊应对措施	

完成日期：____________

学徒签名：____________

评估师签名：____________

（四）学徒在岗学习评估细则及工具

1. 学徒在岗学习评估细则

学徒在岗学习评估细则

为加强我校现代学徒制的组织管理，严格学徒制评估的工作流程，增强学徒实习的行为规范，确保学徒制实习各项工作的正常有序进行，不断提高我校现代学徒制实习工作成效，特制定本实施细则。

1. 评估的定义和目的

通过不同的评估方法，使评估师和学徒获取学徒工作证明材料。评估师检查学徒工作证明材料，来判断学徒是否已经掌握工作岗位的专业知识和操作技能，能否按照职业标准、雇主企业的操作要求和流程来完成工作。

2. 评估过程

评估过程分为五个阶段，分别为初始评估阶段、评估计划阶段、评估活动阶段、评估决策和反馈阶段及进展回顾阶段（见图 3-4）。

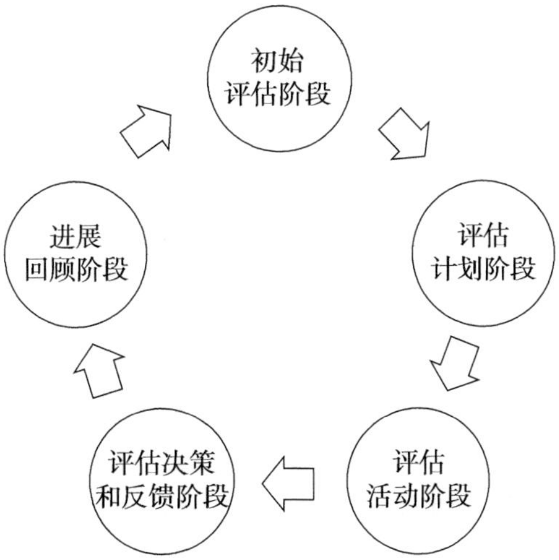

图 3-4　评估的实施阶段

（1）初始评估阶段。

在开展学徒制培训前，评估师指导学徒完成初始评估表格。初始评估可以确认学徒的学习起点，明确学徒已有的能力和知识，并显示学徒要完成对应的职业资格证书还缺乏的能力和知识。

（2）评估计划阶段。

评估师按照学徒的特性来制订学徒学习计划，选择合适的评估方法种类完成评估活动。评估师与学徒一起确认每次现场评估的到访时间。学徒了解需要完成的课程单元的内容、各单元学习开始时间及预计完成时间。

（3）评估活动阶段。

在评估活动阶段，评估师使用各类评估方法来收集学徒的工作证明材料。

（4）评估决策和反馈阶段。

评估活动结束后，评估师做出判断，确认学徒的工作能力是否已达到标准要求。如果未达到标准要求，那么评估师需给予学徒建设性反馈，对学徒进行再培训，与学徒约定在下次现场评估时进行二次考核。

（5）进展回顾阶段。

在培训评估过程中，评估师和学徒每月进行一次进展回顾。回顾当前已学习内容是否已经达到计划目标；布置接下来一个月的学习目标和内容；学徒完成自我评价；获取雇主企业导师、同事或部门经理及评估师对学生该阶段表现的评价。

3. 评估师要求

评估师的主要作用是教导、培训和评估学徒。所有的教导、培训和评估都需要满足标准的要求。通常情况下，评估师需要做以下工作。

（1）掌握评估管理实施方法和评估原则；

（2）了解企业操作流程和岗位职责；

（3）掌握现代学徒制评估标准；

（4）计划和管理评估过程；

（5）参加评估师标准化会议；

（6）开展评估活动，能使用不同的评估方法进行评估，能在评估中为学徒提供教学和培训；

（7）收集学徒各类工作证明材料，检查真实性，判断学徒的能力是否达到国家职业标准，并对评估结果进行建议和反馈；

（8）指引和激励学徒成功完成学徒制培训；

（9）保管整理评估相关资料，比如学徒的个人作品集（证明材料）、评估计划、反馈记录、进度回顾等；

（10）保持自身职业能力和个人技能发展。

4. 评估原则

在评估计划时，评估师要确保 SMART 原则（见表 3–43）。

表 3–43　　评估计划 SMART 原则

SMART 原则	含义
明确性（Specific）	所有的评估活动都必须与评估标准相关
可测量性（Measurable）	评估活动需要量化，可以收集工作证明材料来实现与评估标准的比对
可达成性（Achievable）	评估活动在制定的目标下可以实现
相关性（Relevant）	评估活动是实际的，与当前评估的内容相关并与今后的评估结果保持一致
时限性（Time–bound）	评估计划要有目标开始时间和截止时间，评估师和学徒要一致同意

在培训评估的活动中，评估师必须确保使用有效、公平、可信赖和安全的评估方法；收集的学徒工作证明材料是有效、真实、充分的；并根据评估标准对学徒工作能力做出评判。

5. 评估方法

不同评估方法适用不同的学徒制框架。评估方法可以分为正式评估方法和非正式评估方法。常见评估方法如表 3–44 所示。

表 3–44　　常见评估方法

正式评估方法	非正式评估方法
● 作业 / 项目 ● 案例研究 ● 作文 / 论文 ● 测试 / 考试 ● 多选题 ● 现场观察 ● 专业讨论 ● 目击者证词	● 纵横填字谜 ● 讨论 ● 需填空的讲义 ● 周记 / 日记 ● 同事和自我评价 ● 技能活动 ● 提问回答：口头、书面、多项选择 ● 小测验 ● 角色扮演

现场观察：评估师在实际工作场所，不打扰学徒，观察记录学徒现场操作。

专业讨论：评估师和学生进行会谈，评估师通过开放式的提问，引导学徒回答问题。学徒在专业讨论中可以展示自身已掌握的知识和技能，证明自己已符合职业资格的要求。专业讨论是有结构、有计划、有深度的讨论，具有强烈的目的性，所提问题紧扣涉及的评估标准要求。专业讨论的声音会被评估师录音，以作为学徒工作证明材料的内容。

提问回答：评估师逐字逐句向学徒询问评估标准中所涉及的知识性问题，通过学徒的回答，来判断学徒是否已掌握相关知识。

目击者证词：目击者证词可以是口述，也可以是笔述。它是平时与学徒相处的同事、导师或部门经理对该学徒工作表现的描述。

评估师在收集学徒工作证明材料前，首先要明确各种评估方法的适用情况和优缺点，然后根据所需评判的评估标准的特点选择合适的评估方法。收集到的工作证明材料要能证明学徒已经掌握职业标准相关的知识和能力要求。

针对评估标准中的理论点，只需对应一个工作证明资料；针对评估标准中的技能点，需要对应两个使用不同评估方法收集的工作证明材料。

6. 评估反馈

评估师对于评估的反馈必须是基于事实和客观的，足够清晰、真实和明确。反馈意见可以是口头的，也可以是书面的，使学徒能了解自身的进步和薄弱环节，使学徒能改进自身的缺点，取得更大进步。如果学徒收集的工作证明材料不足以说明其达到评估标准，则需要评估师再安排一次评估，直到学徒的能力满足标准要求。

附件

评估师评估流程

（1）制订评估计划；

（2）与学徒面谈了解本周工作情况（缺勤、工作内容、工作态度等）；

（3）检查上周交办作业；

（4）对本周学习成果进行评估；

（5）对评估结果进行评价和反馈（对不达标内容进行再培训）；

（6）布置下周学习任务（解读学习内容），与学生约定评估时间；

（7）填写评估报告（周总结 + 月总结），整理归档评估材料；

（8）每月召开评估师、学徒、导师三方会议，使三方了解评估目标和内容。

2. 学徒学习单元评价表示例

由于英国认证需要，学徒学习单元评价表使用英文。如表 3-45 所示。

Unit 1：Make an Effective Contribution to a Business in the Logistics Sector

Unit reference number：Y/601/9456

QCF level：2

Credit value：3

Guided learning hours：10

Unit summary

This unit is about understanding the organisation's aims and procedures. It covers identifying individual and group targets, requirements and responsibilities. It is about helping colleagues and knowing how to communicate with others. It requires those working in the logistics sector to be aware of how they can improve their own performance.

This unit is relevant to all those working in the logistics sector who work both individually or as part of a team.

表 3-45　Unit 1

<table>
<tr><td rowspan="2">Learning Outcome</td><td rowspan="2">Assessment Criteria</td><td colspan="2">Evidence type
(Circle each type used)
Ob– A/P– APL– EP– WT–CH–PS–Q–GD–LP–WB
Observation. Assignment/project. Accredited Prior Learning Examination of Works Product. Witness Testimony. Case History. Personal Statement. Questioning. Guided Discussion. Learner Presentation. Work Books</td></tr>
<tr><td>Evidence Reference Numbers</td><td>Date</td></tr>
<tr><td>1
Know how to make an effective contribution to a business in the logistics sector</td><td>1.1
Explain the relevant organisational policies and procedures, in relation to making an effective contribution to a business in the logistics sector that relate to :</td><td>PS7
PD9
WB15</td><td>25/09/2014
21/10/2014
05/11/2014</td></tr>
</table>

续 表

Learning Outcome	Assessment Criteria	Evidence type (Circle each type used) Ob- A/P- APL- EP- WT-CH-PS-Q-GD-LP-WB Observation. Assignment/project. Accredited Prior Learning Examination of Works Product. Witness Testimony. Case History. Personal Statement. Questioning. Guided Discussion. Learner Presentation. Work Books	
		Evidence Reference Numbers	Date
1 Know how to make an effective contri-bution to a business in the logistics sector	- health, safety & security - PPE - your work role - quality standards		
	1.2 Identify own reporting line and the work roles of Colleagues	PD9 WB15	21/10/2014 05/11/2014
	1.3 Describe methods for improving personal work performance	PD9 WB15	21/10/2014 05/11/2014
	1.4 Describe methods for identifying learning needs	PD9	21/10/2014
	1.5 Explain the importance of supporting colleagues and the difference it makes to productivity	QA12	29/10/2014
	1.6 Describe how misunderstandings and conflict in working relationships may be resolved constructively	QA12 WB15	29/10/2014 05/11/2014

Assessor Signature Xue Guo Date 10/12/2014

Learner Signature Xin Shen Date 10/12/2014

3. 在岗学习初始评估计划（见表 3–46）

表 3–46　　在岗学习初始评估计划

<table>
<tr><td colspan="4">第 1 部分：工作岗位、公司名称、公司地址</td></tr>
<tr><td colspan="4"></td></tr>
<tr><td colspan="4">第 2 部分——个人详细信息（申请人 / 候选人 / 学徒）</td></tr>
<tr><td>名字</td><td colspan="3"></td></tr>
<tr><td>姓氏</td><td colspan="3"></td></tr>
<tr><td>地址（第 1 行）</td><td colspan="3"></td></tr>
<tr><td>地址（第 2 行）</td><td colspan="3"></td></tr>
<tr><td>地址（镇）</td><td colspan="3"></td></tr>
<tr><td>地址（国家 / 地区）</td><td colspan="3"></td></tr>
<tr><td>邮政编码</td><td colspan="3"></td></tr>
<tr><td>电话</td><td colspan="3"></td></tr>
<tr><td>电子邮件</td><td colspan="3"></td></tr>
<tr><td>出生日期（dd/mm/yyyy）</td><td></td><td>开始时的年龄</td><td></td></tr>
<tr><td>种族</td><td colspan="3"></td></tr>
<tr><td>性别</td><td colspan="3"></td></tr>
<tr><td>国家保险号码</td><td colspan="3"></td></tr>
<tr><td>在英国的居留签证</td><td colspan="3"></td></tr>
<tr><td>目前是否为全日制教育?</td><td colspan="3"></td></tr>
<tr><td>您目前的就业状况</td><td colspan="3"></td></tr>
<tr><td>目前是否有接受其他政府资助的培训计划?</td><td colspan="3"></td></tr>
<tr><td>您是否有学位 /4 级证书或更高学历证书?</td><td colspan="3"></td></tr>
<tr><td>您是否有残疾?</td><td colspan="3"></td></tr>
<tr><td>您是否有健康问题?</td><td colspan="3"></td></tr>
<tr><td>您是否有学习困难?</td><td colspan="3"></td></tr>
<tr><td>学习困难评估</td><td colspan="3"></td></tr>
</table>

续 表

如果您认为您可能需要帮助才能完成整个学徒培训和就业，请详细说明所需额外的帮助或特殊要求。

第 3 部分——教育和培训（包括所有培训，包括任何当前研究）

学校 / 学院	专业	开始日期	结束日期	等级 / 通过 / 失败

第 4 部分——工作经验（包括所有有偿和无偿工作及志愿活动）

公司名称	职位名称 / 位置	开始日期	结束日期	离职原因

第 5 部分——技能

描述您的技能和能力，可以通过一个您擅长的和喜欢的任务或者活动例子来说明。

申请为学徒的原因。详细描述您的学习和工作需要，学习优势和未来的工作 / 职业目标。

续　表

您是否想要学习 2 级数学技能，即使您学徒训练计划并非必要?					
您是否想要学习 2 级英语技能，即使您学徒训练计划并非必要?					
您指定的学习者经理将在整个培训计划中与您讨论此选项。					
第 6 部分——其他					
紧急情况联系人姓名					
紧急情况联系人号码					
您是在哪里获得岗位空缺消息的?					
请注明不方便接受面试的日期或时间					
如果您已有工作经验，请问您已工作多久?					
如果您已在就业，请问您每日工作几小时?					
您是否为自由职业者?					
如果您在培训计划开始前就已失业，已失业多久了?					
有相关的课程或学习机会可以通知您吗?					
可以联系您进行培训相关的调查和研究吗?					
联系人电话		联系人邮箱		联系人的通信地址	

第 7 部分——学习宣言

隐私声明即我们如何使用您的个人信息。

您所提供的个人资料会转交技能资助行政长官（机构），如有需要，亦会转交教育署（包括教育资助机构），以履行 2009 年《学徒、技能、儿童及学习法》所定的法律责任，以及建立机构的学习记录服务（LRS）并保持唯一的学习者号码（ULN）。您提供的信息可能会与其他组织共享，用于教育、培训和就业相关目的，包括用于研究。若需了解有关使用和访问您的个人数据的更多信息，以及我们定期共享数据的组织的详细信息，请访问：http://skillsfundingagency.bis.gov.uk/privacy.htm

向英国瑞尔公司提交此申请表，即表示您同意上述隐私声明，并要求您在报名和入职时签署此表。提交本申请表亦确认本表格所提供的资料，依据您所知及所信，均属准确及真实

续 表

信息、咨询意见和指导政策 信息、建议和指导是学徒制的核心，以确保学习者获得最适当的学习，并始终参与以获得所需的资格。 我确认我已收到有关学习选项的信息，并已收到对我提出的任何问题的答复。 我还与一位英国瑞尔公司顾问进行了一对一的沟通，以了解我的培训需求并确定适当的学习方式。 据我所知，如有需要，我可以从我的评估师/企业导师/学徒主管处获得持续的信息、建议和指导。 这种支持可以通过亲自、电话或电子邮件提供	
学徒姓名	
学徒署名	
签署日期	
Funded by Skills Funding Agency	European Union European Social Fund Investing in jobs and skills
Section 8 —— Office Use Only	
Job Title	
Apprenticeship Framework	
Employer / Company Name	
Address (line 1)	
Address (line 2)	
Address (town)	
Address (county)	
Postcode	
Contact Name	
Position in company	
Telephone	
E-mail	
Website	
Employers Liability Insurance	
Public Liability Insurance	
Employer ID No (EDS)	

续　表

Employer Health & Safety Check	
Learner H&S Assessment	
Written contract of employment	
Employed for 30 hours per week or more	
Paid time for training within work hours	
Basic Skills Assessment required?	
(Required if without GCSE A*– C grades (or equivalent) in Maths and English obtained within the last 5 years)	

Results – Literacy		date of assessment	
Results – Numeracy		date of assessment	

Apprenticeship Framework Details	
Level of Apprenticeship	
Framework Title	
Framework Code	

Aim Title	Level	Aim Ref	Start Date	PED	Actual End	% funding
Comp' Aim						
Know' Aim						
Functional Skill English						
Functional Skill Maths						
Functional Skill ICT						
Employee Rights & Responsibilities						
Personal Learning & Thinking Skills						

续 表

Progression of Functional Skill English						
Progression of Functional Skill Maths						

4. 学徒受访日志（周总结）（见表 3–47）

表 3–47　　学徒受访日志（周总结）

学徒姓名		企业导师姓名			
本次受访日期		下次受访日期			
受访开始时间		受访离开时间			
学习目标		开始日期	计划结束日期	实际结束日期	在本次取证中有体现吗？
第 1 部分——本次拜访活动总述（包括本次学习内容，学习方法等）					

续　表

第2部分——学徒评价	
学员签名和日期：	企业导师签名和日期：
评估师签名和日期：	

5. 学徒受访日志（月总结表）（见表3-48）

表3-48　学徒受访日志月总结

学徒姓名			企业导师姓名	
本次受访日期			下次受访日期	
受访开始时间			受访离开时间	

学习目标	开始日期	计划结束日期	实际结束日期	在本次取证中有体现吗？

第 1 部分——本次拜访活动总述（包括本次学习内容，学习方法等）

第 2 部分——取得的成绩，遇到的困难和解决方案

第 3 部分——下次拜访内容总述

第 4 部分——学徒评价和自评等级（1 ~ 5，1 是最好，5 是最差）

第 5 部分——企业导师评价和等级评价（1 ~ 5，1 是最好，5 是最差）

续　表

第 6 部分——评估师评价和等级评价，如有拜访延误，请说明延迟拜访的原因	
学员签名和日期：	企业导师签名和日期：
评估师签名和日期：	

6. 评估师现场考核（见表 3–49）

表 3–49　评估师现场考核

内审员现场观察评估师记录					
评估师					
学徒					
企业导师					
时间					
地点					
项目					
取证方式					
考核人员					
观察记录					
考核点（拜访计划）	完全符合	部分符合	不符合	没有提到	判断和评论
拜访计划有符合整体学徒制项目的一部分					
拜访计划的结构清晰、目的明确					

续 表

拜访计划的设计符合学徒个人的学习方式和能力水平					
有提前做好各项拜访的规划和准备					
有跟学徒清楚说明本次拜访的教学目的					
使用的学习材料和取证方式能保证评估质量					
考核点（学徒管理／学习策略）	完全符合	部分符合	不符合	没有提到	判断和评论
有关心学徒出勤和缺席情况					
学徒和企业导师间有良好的互动关系					
学徒对所做的事和目标有清楚的理解并能够实现					
学习任务符合计划进度和有多样性					
有给予学徒适当的支持，使其个人能力和岗位技能相匹配					
有采取策略，鼓励学徒积极参与工作与学习					
有适当使用一对多取证方法					
有关注学徒在工作时的健康和安全议题					
有适当合理地使用资源教学					
考核点（评估／反馈）	完全符合	部分符合	不符合	没有提到	判断和评论
有设计并合理使用正式和非正式评估方式					
有完整地对学徒解释评估程序和结果					

续　表

有给予建设性的反馈，使学徒能执行计划取得进步					
考核点（学徒动机）	完全符合	部分符合	不符合	没有提到	判断和评论
有使学徒在整个评估过程中积极接受挑战、保持兴趣和动机					
学徒有积极参与学习					
开发学徒的技能，使学徒增加知识和提高理解力					
学徒对学习有责任心并主动学习（提前准备好评估证据等）					
学徒敢于寻求他人的协助					
考核点（满足学徒个别需求）	完全符合	部分符合	不符合	没有提到	判断和评论
有开发学徒的核心/基本技能及个人学习和思维的能力					
有满足学徒的个别需求和能力					
学徒有将新旧的知识与技能融会贯通					
学徒有持续提升工作和学习质量的意识					
有关注学徒的各种平等权利					
考核点（整体目标）	完全符合	部分符合	不符合	没有提到	判断和评论
学徒有认真尽力达到学习目标					
评估师有完成本次的拜访目标					

续 表

本次观察总结		
改进 / 反馈和建议		
评估师意见		
本次评分		
分数 / 等级		
分数 / 等级指标	评分等级标准	
1 级（优秀）	即评估师的考核标准都是【完全符合】	
2 级（良好）	即评估师几乎所有的考核标准都是【完全符合】，只有少数是【部分符合】	
3 级（及格）	即评估师至少有一半的考核标准是【完全符合】，其余的是【部分符合】	
4 级（不及格）	即评估师多数的考核标准是【部分符合】或是【根本不符合】	
评分注意事项		
1. 考核人员需要在现场观察时立即评分和记录。 2. 在反馈时要跟评估师说明评分结果及理由。 3. 教和学是一个复杂的活动，即使是一位有经验的评估师，也有可能只能得到一个 3 级（及格）的分数。		
评估师姓名	评估师签名	日期
考核人员姓名	考核人员签名	日期

7. 单元完成情况汇总及抽样记录示例

单元完成情况汇总及抽样记录示例如表 3–50 所示。

表 3–50　　单元完成情况汇总及抽样记录

单元完成情况汇总及抽样记录Reviews for learner' s evidence 20151221

单元完成状况	Unit1					Unit2					Unit3					Unit8					Unit9					Unit15					Unit16				
	项目	证据类型及编号	完成状况	抽样标注	抽样状况	项目	证据类型及编号	完成状况	抽样标注	抽样状况	项目	证据类型及编号	完成状况	抽样标注	抽样状况	项目	证据类型及编号	完成状况	抽样标注	抽样状况	项目	证据类型及编号	完成状况	抽样标注	抽样状况	项目	证据类型及编号	完成状况	抽样标注	抽样状况	项目	证据类型及编号	完成状况	抽样标注	抽样状况
	1.1					1.1					1.1					1.1					1.1					1.1					1.1				
	1.2					1.2					1.2					1.2					1.2					1.2					1.2				
	1.3					1.3					1.3					1.3	WZY2015.11.27Q1	完成	√	OK	1.3					1.3					1.3				
	1.4	WZY2015.12.03Q2	完成	√	OK	1.4					1.4					1.4	WZY2015.11.27Q1	完成	√	OK	1.4					1.4					1.4				
	1.5	WZY2015.12.03Q2	完成	√	OK	1.5					1.5					1.5	WZY2015.11.27Q1	完成	√	OK	1.5					1.5					1.5				
	1.6	WZY2015.12.03Q2	完成	√	OK	1.6					1.6															1.6					1.6				
						1.7					1.7																				1.7				
						1.8					1.8																								
						1.9					1.9																								
	2.1					2.1					2.1					2.1	WZY2015.11.27OB1	取证中	√	需调整	2.1					2.1					2.1				
	2.2	WZY2015.12.03OB5	取证中	√	需调整	2.2					2.2					2.2	WZY2015.11.27OB1	取证中	√	需调整	2.2					2.2					2.2				
单元标准项目	2.3	WZY2015.12.03OB5	取证中	√	需调整	2.3					2.3					2.3	WZY2015.11.27OB1	取证中	√		2.3					2.3	WZY2015.12.03OB5	取证中	√	需调整	2.3				
	2.4					2.4					2.4					2.4	WZY2015.11.27OB1	取证中	√		2.4					2.4					2.4				
	2.5					2.5					2.5					2.5	WZY2015.12.03OB5		√		2.5					2.5					2.5				
	2.6					2.6					2.6					2.6	WZY2015.11.27EP1	取证中	√		2.6					2.6					2.6				
	2.7																				2.7					2.7					2.7				
	2.8	WZY2015.12.03OB5	取证中	√	需调整																2.8					2.8					2.8				
																					2.9					2.9					2.9				
																										2.10					2.10				
																										2.11					2.11				
																										2.12									
																										2.13									
						3.1																													
						3.2																													

8. 内审抽样检查报告（学徒）示例

内审抽样检查报告（学徒）示例如表 3–51 所示。

表 3–51　　内审抽样检查报告（学徒）

性别	学徒姓名	取证中单元	已取得证据数量	周总结	月总结	所需行动	风险等级
女	王颂	1、2、3、8、15	15	5	3	考虑采用更多评估方法	绿
女	李梦杰	1、2、3、8、15	14	5	3	考虑采用更多评估方法	绿
女	毛莉	1、2、3、8	12	5	3	考虑采用多种评估方法，开始其他单元的评估	绿
女	毛卫敏	1、2、3、8、15	17	5	3	考虑采用更多评估方法	绿
女	吴雨晨	1、2、3、8、15	16	5	3	考虑采用更多评估方法	绿
男	王梓寅	1、2、3、8、15	19	5	3	考虑采用更多评估方法	绿
男	罗浩	1、2、3、8	16	5	3	考虑全面评估方法，考虑收集更多的证据，开始其他单元的评估	绿
男	张君宝	1、2、3、8	10	5	3	考虑全面评估方法，开始其他单元的评估	黄
男	韦鹏超	1、2、3、8、15	15	5	3	考虑全面评估方法，考虑收集更多的证据	绿
男	曾雨坤	1、2、3	5	4	2	评估进程落后，需开始第 8 单元评估内容	红
男	曾雨新	1、2、3、8	8	5	3	考虑全面评估方法，开始其他单元的评估	黄
男	曾梦男	1、2、3	6	4	2	评估进程落后，需开始第 8 单元评估内容	红

注：风险等级标示如下。

绿色：进度良好。

黄色：进度略落后。

红色：进度落后。

模块四　物流服务与管理专业现代学徒制人才培养成效

（一）企业评价

1. 企业学徒制项目满意度报告

学徒制项目满意度报告

一、项目情况总结

我司与上海市现代流通学校（以下简称“物校”）已成功合作了两期学徒制项目。学徒制项目是我司与物校校企合作的深化，目的是培养适合行业需求，适合企业需求的物流人才，提高学生的专业素养与技能，实现学校、企业、学生共赢。

项目进程如下。

①学徒在进入企业之前，企业安排主管到学校进行一系列相关课程的授课并安排现场参观，帮助学徒提前了解企业概况和运作状况。

②学徒正式进入我司进行实习，成为企业准学徒，企业配备专业技术人员作为师傅，为学徒传授岗位知识与技能；同时结合学徒制框架学习任务，提升学徒的职业素养与应用能力。

③学徒经过阶段性考核、过程性评估以及总结评估，确认达到学徒制要求，取得相关证书；同时获得企业就业机会。

二、满意度反馈

1. 学徒留用情况

第一批学徒一年以上留用率为 80%。

注：本章所提及的相关人员的职务为该文章发表时时任职务。

2. 企业对学徒制的评价反馈

对于企业来说，现代学徒制项目的校企合作，通过系统化的培训、科学及完善的评估体系，为我司培养出了一批适用的人才，为我司的未来发展储备了力量。

对于学徒来说，学徒制的轮岗学习制度，让学徒熟悉了仓储、运务、营管等物流各环节的流程操作，打造了较全面的学习体系；同时在与各部门的沟通、协作中，让学徒增进了团队意识、提升了异常处理等能力。

三、项目实施建议

（1）加大对企业参与项目的资源支持；

（2）对于学徒的选拔，由学校老师推荐加企业面试来共同决定；并更加细化学员后续的培训项目来实现标准化培训。

上海顶通物流有限公司
2017 年 10 月

2. 企业对优秀学徒的评价示例

对优秀学徒许云峰的评价

许云峰是第一批来我司的学徒制实习生，现任黄渡化妆品项目科仓库仓管一职。该名同学在短短 10 个月的学徒轮岗学习后就直接接手了长发客户，值得惊喜的是在短短几个月中他学以致用，合理运用学徒实习时所学的方法的同时，注重独立思考与实践的结合。做事能勤于思考，遇到不懂的地方能勤于请教。

在生活中，他交际能力强，与客户、同事相处融洽。乐于与他人沟通，性格开朗，具有很强的团队协作能力和责任感。

在业务上，他努力夯实专业基础，扩大知识面，力求更好地完成自己的本职工作。

经过专门的学徒各部门培训后该名同学表现出超出同龄人的适应力，对工作充满激情，专业知识扎实，具有团队合作精神、强烈的责任心和集体荣誉感。做事认真仔细，吃苦耐劳，知识面广，心理素质好，对新事物的学习和接受都很快，承受压力能力强，性格开朗，做事谨慎负责，勇于接受新挑战。自去年10月接手长发客户以来，客户投诉率为零，客户满意度极高

在工作中，他处理事务效率高，接手客户后快速地熟悉了长发的收发货、库存管理等各项要求，及时处理每日单据的同时能保证库存无差异。当出现问题时他能快速有效地处理。他具有较强的组织协调能力，及时、果敢、主动，能灵活处理一些矛盾，能够很好地协调方方面面的关系。现如今已能很好地管理这个流程的运行。

学徒制的轮岗学习制度，让他熟悉了仓储、配送、营管、客服等所有的环节，在各部门的工作经历给他带来了极大的优势。在公司工作一年以来，通过自身的不断努力，无论是思想上、工作上还是学习上，许云峰同学都取得了长足的发展和巨大的收获。这对于一个刚刚进入社会的学生来说是非常不容易的，后续如在管理方面有更进一步的发展，这对于顶通物流来说也将是不可多得的一个收获。

（二）资格认证

1. 学徒资格证书统计表

学徒资格证书统计如表4–1所示。

表4–1　　学徒资格证书统计

序号	年级（届）	姓名	性别	英国物流操作三级证书	叉车五级证书	叉车上岗证	助理物流师证书	仓库保管员（四级）	物流高级学徒制证书（英国瑞尔公司颁证）
1	2016	郭丽	女	√	√	√	√	√	—
2	2016	陈佳佳	女	√	√	—	√	—	—
3	2016	周巧	女	√	√	—	√	√	—
4	2016	郭雪	女	√	√	—	√	—	—
5	2016	何洁	女	√	√	—	√	—	—
6	2016	彭运兰	女	√	√	—	√	—	—
7	2016	张爱桦	女	√	√	—	√	√	—

续 表

序号	年级（届）	姓名	性别	英国物流操作三级证书	叉车五级证书	叉车上岗证	助理物流师证书	仓库保管员（四级）	物流高级学徒制证书（英国瑞尔公司颁证）
8	2016	罗桂花	女	√	√	—	√	—	—
9	2016	石艳	女	√	√	—	√	√	—
10	2016	王智超	男	√	√	√	√	—	—
11	2016	吕闯	男	√	√	—	√	—	—
12	2016	万正光	男	√	√	—	√	√	—
13	2016	孙益	男	√	√	—	√	√	—
14	2016	李志强	男	√	√	√	√	√	—
15	2016	许云峰	男	√	√	√	√	√	—
16	2016	周贤俊	男	√	√	√	√	—	—
17	2016	许发粤	男	√	√	—	√	—	—
18	2016	侯小庆	男	√	√	—	√	—	—
19	2016	王鹏	男	√	√	—	√	√	—
20	2016	高正文	男	√	√	—	√	√	—
21	2017	王颂	女	—	√	—	—	√	√
22	2017	李梦杰	女	—	√	—	—	√	√
23	2017	毛莉	女	—	√	—	—	√	√
24	2017	毛卫敏	女	—	√	—	—	√	√
25	2017	吴雨晨	女	—	—	—	—	—	√
26	2017	王梓寅	男	—	√	—	—	√	√
27	2017	罗浩	男	—	√	—	—	√	√
28	2017	张君宝	男	—	—	—	—	—	√
29	2017	韦鹏超	男	—	√	—	—	√	√
30	2017	曾雨坤	男	—	√	—	—	√	√
31	2017	曾雨新	男	—	—	—	—	—	√
32	2017	曾梦男	男	—	—	—	—	—	√

2. 中英学徒证书示例

edexcel

Notification of Performance

GR34208　　LI ZHIQIANG

PEARSON EDEXCEL LEVEL 2 ESSENTIAL SKILLS WALES
in INFORMATION AND COMMUNICATION TECHNOLOGY

UNIT REF	TITLE	VALUE	LEVEL	GRADE
THE REAL APPRENTICESHIP COMPANY LTD				
H/600/5348	ESSENTIAL SKILLS WALES INFORMATION AND COMMUNICATION TECHNOLOGY	6.0	2	PASS

THE LEARNER HAS QUALIFIED FOR THE ABOVE AWARD IN AUGUST 2015

49808F : SJK35 : 08:09:96 : ISSUED 29-AUG-2015 : QN 500/7645/0

Lesley Davies OBE
Responsible Officer
Pearson Education Ltd.

Ofqual

Llywodraeth Cymru
Welsh Government

cea
Rewarding Learning

BUP15 01820187 961

ALWAYS LEARNING　　PEARSON

英国培生爱德思（edexcel）认证机构颁发的信息通信技术二级学徒英国国家职业资格证书成绩证明

edexcel

Pearson
Edexcel Level 2
Essential Skills Wales

in INFORMATION AND COMMUNICATION TECHNOLOGY

is awarded to

LI ZHIQIANG

who has completed an approved programme at

THE REAL APPRENTICESHIP COMPANY LTD

AWARDED : AUGUST 2015

THIS DOCUMENT CONSISTS OF MORE THAN ONE PAGE

49808F:SJK35 :GR34208: 000047873:08:09:96:ISSUED 29-AUG-2015 : QN 500/7645/0

CULTURAL AND EDUCATION SECTION OF THE BRITISH CONSULATE-GENERAL
英国总领事馆文化教育处

CFLP

顶通物流

Lesley Davies OBE
Responsible Officer
Pearson Education Ltd.

Ofqual

Llywodraeth Cymru
Welsh Government

cea
Rewarding Learning

PQS15 07289415 894

ALWAYS LEARNING PEARSON

英国培生爱德思（edexcel）认证机构颁发的信息通信技术二级学徒英国国家职业资格证书

edexcel

Notification of Performance

GM26612　LI ZHIQIANG

PEARSON EDEXCEL LEVEL 2 ESSENTIAL SKILLS WALES
in APPLICATION OF NUMBER

UNIT REF	TITLE	VALUE	LEVEL	GRADE
THE REAL APPRENTICESHIP COMPANY LTD				
L/600/5344	ESSENTIAL SKILLS WALES APPLICATION OF NUMBER	6.0	2	PASS

THE LEARNER HAS QUALIFIED FOR THE ABOVE AWARD IN AUGUST 2015

49808F : MXE30 : 08:09:96 : ISSUED 27-AUG-2015 : QN 500/7639/5

Lesley Davies OBE
Responsible Officer
Pearson Education Ltd.

Ofqual

Llywodraeth Cymru
Welsh Government

cea
Rewarding Learning

BUP15 01813966 571

ALWAYS LEARNING　PEARSON

英国培生爱德思（edexcel）认证机构颁发的数学二级学徒英国国家职业资格证书成绩证明

edexcel

Pearson
Edexcel Level 2
Essential Skills Wales

in APPLICATION OF NUMBER

is awarded to

LI ZHIQIANG

who has completed an approved programme at

THE REAL APPRENTICESHIP COMPANY LTD

AWARDED : AUGUST 2015

THIS DOCUMENT CONSISTS OF MORE THAN ONE PAGE

49808F:MXE30 :GM26612: 000047790:08:09:96:ISSUED 27-AUG-2015 : QN 500/7639/5

CULTURAL AND EDUCATION SECTION OF THE BRITISH CONSULATE-GENERAL
英国总领事馆文化教育处

CFLP

顶通物流

Lesley Davies OBE
Responsible Officer
Pearson Education Ltd.

Ofqual

Llywodraeth Cymru
Welsh Government

cea
Rewarding Learning

PQS15 07290896 216

ALWAYS LEARNING　PEARSON

英国培生爱德思（edexcel）认证机构颁发的数学二级学徒英国国家职业资格证书

edexcel

Notification of Performance

GM26613　　LI ZHIQIANG

PEARSON EDEXCEL LEVEL 2 ESSENTIAL SKILLS WALES
in COMMUNICATION

UNIT REF	TITLE	VALUE	LEVEL	GRADE
THE REAL APPRENTICESHIP COMPANY LTD				
H/600/5303	ESSENTIAL SKILLS WALES COMMUNICATION	6.0	2	PASS

THE LEARNER HAS QUALIFIED FOR THE ABOVE AWARD IN AUGUST 2015

49808F : YJ995 : 08:09:96 : ISSUED 27-AUG-2015 : QN 500/7647/4

Lesley Davies OBE
Responsible Officer
Pearson Education Ltd.

Ofqual

Llywodraeth Cymru
Welsh Government

cea
Rewarding Learning

BUP15　01813986 893

ALWAYS LEARNING　　PEARSON

英国培生爱德思（edexcel）认证机构颁发的英文二级学徒英国国家职业资格证书成绩证明

edexcel

Pearson
Edexcel Level 2
Essential Skills Wales

in COMMUNICATION

is awarded to

LI ZHIQIANG

who has completed an approved programme at

THE REAL APPRENTICESHIP COMPANY LTD

AWARDED : AUGUST 2015

THIS DOCUMENT CONSISTS OF MORE THAN ONE PAGE

49808F:YJ995 :GM26613: 000047810:08:09:96:ISSUED 27-AUG-2015 : QN 500/7647/4

CULTURAL AND EDUCATION SECTION OF THE BRITISH CONSULATE-GENERAL
英国总领事馆文化教育处

CFLP

Lesley Davies OBE
Responsible Officer
Pearson Education Ltd.

Ofqual

Llywodraeth Cymru
Welsh Government

Rewarding Learning

PQS15 07290916 112

ALWAYS LEARNING PEARSON

英国培生爱德思（edexcel）认证机构颁发的英文二级学徒英国国家职业资格证书

edexcel

Certificate of Unit Credit

LI ZHIQIANG

PEARSON EDEXCEL LEVEL 2 AWARD
in EMPLOYEE RIGHTS AND RESPONSIBILITIES IN THE LOGISTICS INDUSTRY (QCF)

UNIT REF	UNIT ACHIEVED	LEVEL	CREDIT
H/502/9963	EMPLOYEE RIGHTS AND RESPONSIBILITIES IN THE LOGISTICS INDUSTRY	2	5

THIS LEARNER HAS QUALIFIED FOR THE ABOVE AWARD IN AUGUST 2015

49808F:Q7001249:GM26611:08:09:96:ISSUED 29-AUG-2015 : QN 600/1217/1

Lesley Davies OBE
Responsible Officer
Pearson Education Ltd.

Ofqual

Llywodraeth Cymru
Welsh Government

cea
Rewarding Learning

3UP15 01829622 088

ALWAYS LEARNING　　PEARSON

英国培生爱德思（edexcel）认证机构颁发的物流行业员工权利和责任英国国家职业资格证书成绩证明

edexcel

Competence Based Qualification (QCF)

PEARSON EDEXCEL LEVEL 2 AWARD
in EMPLOYEE RIGHTS AND RESPONSIBILITIES IN THE LOGISTICS INDUSTRY (QCF)

is awarded to

LI ZHIQIANG

who has completed an approved programme at

THE REAL APPRENTICESHIP COMPANY LTD

AWARDED : AUGUST 2015

49808F:Q7001249:GM26611:01081651:08:09:96:ISSUED 29-AUG-2015:QN 600/1217/1

CULTURAL AND EDUCATION SECTION OF THE BRITISH CONSULATE-GENERAL
英国总领事馆文化教育处

CFLP

Lesley Davies OBE
Responsible Officer
Pearson Education Ltd.

Ofqual

Llywodraeth Cymru
Welsh Government

Rewarding Learning

PQS15 07314759 492

ALWAYS LEARNING PEARSON

英国培生爱德思（edexcel）认证机构颁发的物流行业员工权利和责任英国国家职业资格证书

edexcel

Certificate of Unit Credit

LI ZHIQIANG

PEARSON EDEXCEL LEVEL 3 CERTIFICATE
in LOGISTICS OPERATIONS (QCF)

UNIT REF	UNIT ACHIEVED	LEVEL	CREDIT
K/502/1072	HEALTH, SAFETY AND SECURITY AT WORK	2	3
Y/601/7920	CONTRIBUTE TO THE PROVISION OF CUSTOMER SERVICE IN LOGISTICS OPERATIONS	2	3
Y/601/7934	SUPERVISE THE RECEIPT, STORAGE OR DISPATCH OF GOODS	3	6
Y/601/9456	MAKE AN EFFECTIVE CONTRIBUTION TO A BUSINESS IN THE LOGISTICS SECTOR	2	3
M/601/7597	OPTIMISE THE USE OF LOGISTICS RESOURCES	3	3
H/601/7600	IMPROVE PERFORMANCE IN LOGISTICS OPERATIONS	3	4
K/601/7601	MINIMISE THE ENVIRONMENTAL IMPACT OF LOGISTICS OPERATIONS	3	3
K/601/7596	SCHEDULE LOGISTICS OPERATIONS TO MEET CUSTOMERS REQUIREMENTS	3	4
T/601/7598	RESPOND TO PROBLEMS IN LOGISTICS OPERATIONS	3	3
A/601/7599	APPLY TECHNOLOGY IN LOGISTICS OPERATIONS	3	4

THIS LEARNER HAS QUALIFIED FOR THE ABOVE AWARD IN AUGUST 2015

49808F:Q7000874:GM26610:08:09:96:ISSUED 27-AUG-2015 : QN 501/1029/9

Lesley Davies OBE
Responsible Officer
Pearson Education Ltd.

Ofqual

Llywodraeth Cymru
Welsh Government

cea
Rewarding Learning

BUP15 01829601 628

ALWAYS LEARNING　　PEARSON

物流操作与管理三级学徒英国国家职业资格证书的物流操作与管理英国国家职业资格证书成绩证明

edexcel

Competence Based Qualification (QCF)

PEARSON EDEXCEL LEVEL 3 CERTIFICATE
in LOGISTICS OPERATIONS (QCF)

is awarded to

LI ZHIQIANG

who has completed an approved programme at

THE REAL APPRENTICESHIP COMPANY LTD

AWARDED : AUGUST 2015

49808F:Q7000874:GM26610:00446356:08:09:96:ISSUED 27-AUG-2015:QN 501/1029/9

CULTURAL AND EDUCATION SECTION OF THE BRITISH CONSULATE-GENERAL
英国总领事馆文化教育处

CFLP

顶通物流

Lesley Davies OBE
Responsible Officer
Pearson Education Ltd.

Ofqual

Llywodraeth Cymru
Welsh Government

cea
Rewarding Learning

PQS15 07314739 170

ALWAYS LEARNING

PEARSON

物流操作与管理三级学徒英国国家职业资格证书的物流操作与管理英国国家职业资格证书

Prentisiaethau
Apprenticeships

Llywodraeth Cymru
Welsh Government

www.cymru.gov.uk

Dyfernir y dystysgrif hon i • This certificate is awarded to

Li Zhiqiang

sydd wedi llwyddo i gwblhau **Prentisiaeth Lefel 3** mewn
who has successfully completed the **Level 3 Apprenticeship** in

Gweithrediadau Logisteg - Arweinydd Tîm/Goruchwyliwr Is-adran Gweithrediadau Logisteg

Logistics Operations - Logistics Operations Team Leader/Section Supervisor

Sector Logisteg

Logistics Sector

Dyddiad cyflawni • Completion date
07 Medi 2015 • 07 September 2015

Cadeirydd • Chairman
Ffederasiwn Sgiliau a Safonau'r Sector Diwydiant • Federation for Industry Sector Skills & Standards
Rhif y Dystysgrif • Certificate Number : **ACW00C5F4**

Sgiliau Logisteg

Federation for Industry Sector Skills & Standards

英国行业技能和标准联盟颁发的物流操作与管理一线主管学徒证书

3. 评估师证书示例

edexcel

Competence Based
Qualification (QCF)

PEARSON EDEXCEL LEVEL 3 CERTIFICATE
in ASSESSING VOCATIONAL ACHIEVEMENT (QCF)

is awarded to

HONGCHUN PENG

who has completed an approved programme at

THE REAL APPRENTICESHIP COMPANY LTD

AWARDED : AUGUST 2015

49808F:Q7000836:GM34562:00446335:25:10:80:ISSUED 27-AUG-2015:QN 501/0772/0

CULTURAL AND EDUCATION SECTION OF THE BRITISH CONSULATE-GENERAL
英国总领事馆文化教育处

CFLP

顶通物流

Lesley Davies OBE
Responsible Officer
Pearson Education Ltd.

Ofqual

Llywodraeth Cymru
Welsh Government

cea
Rewarding Learning

PQS15 07290925 135

ALWAYS LEARNING PEARSON

英国培生爱德思（edexcel）认证机构颁发的三级评估职业培训质量英国国家职业资格证书

4. 内审员证书示例

edexcel

Competence Based Qualification (QCF)

PEARSON EDEXCEL LEVEL 4 AWARD

in THE INTERNAL QUALITY ASSURANCE OF ASSESSMENT PROCESSES AND PRACTICE (QCF)

is awarded to

SHEN XIN

who has completed an approved programme at

THE REAL APPRENTICESHIP COMPANY LTD

AWARDED : MARCH 2017

(Assessed in Mandarin Chinese)

49808F:Q7002370:HJ57885:00074034:07:10:82:ISSUED 30-MAR-2017:QN 501/0776/8

CULTURAL AND EDUCATION SECTION OF THE BRITISH CONSULATE-GENERAL
英国总领事馆文化教育处

CFLP

Sharon Hague
Responsible Officer
Pearson Education Ltd

Regulated by Ofqual

Accreditation

ALWAYS LEARNING　PEARSON

英国培生爱德思（edexcel）认证机构颁发的四级内部评估质量稽核英国国家职业资格证书

（三）获奖情况

1. “星光计划 2015”一等奖

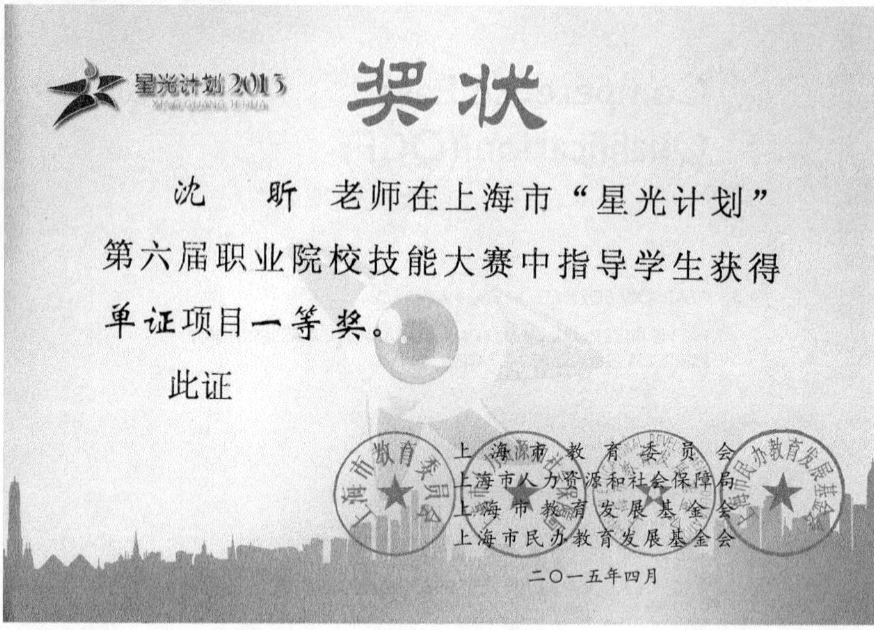
星光计划2015

奖状

沈　　昕　老师在上海市“星光计划”第六届职业院校技能大赛中指导学生获得单证项目一等奖。

此证

上海市教育委员会
上海市人力资源和社会保障局
上海市教育发展基金会
上海市民办教育发展基金会

二〇一五年四月

2. 中国职业技术教育学会商科专业委员会 2015 年度论文一等奖

荣誉证书

上海市现代流通学校沈昕老师撰写的《中英现代学徒制物流项目试点的探索和实践》在中国职业技术教育学会商科专业委员会 2015 年度论文评审中荣获

一　等　奖

中国职业技术教育学会商科专业委员会
2015 年 11 月

3. 中国职业技术教育学会商科专业委员会2016年度论文一等奖

荣誉证书

上海市现代流通学校彭宏春老师撰写的《中职学校试行现代学徒制的实践探索》在中国职业技术教育学会商科专业委员会2016年度论文评审中荣获

一　等　奖

中国职业技术教育学会商科专业委员会
2016年11月

4. 上海市职业教育协会2015年度重点课题

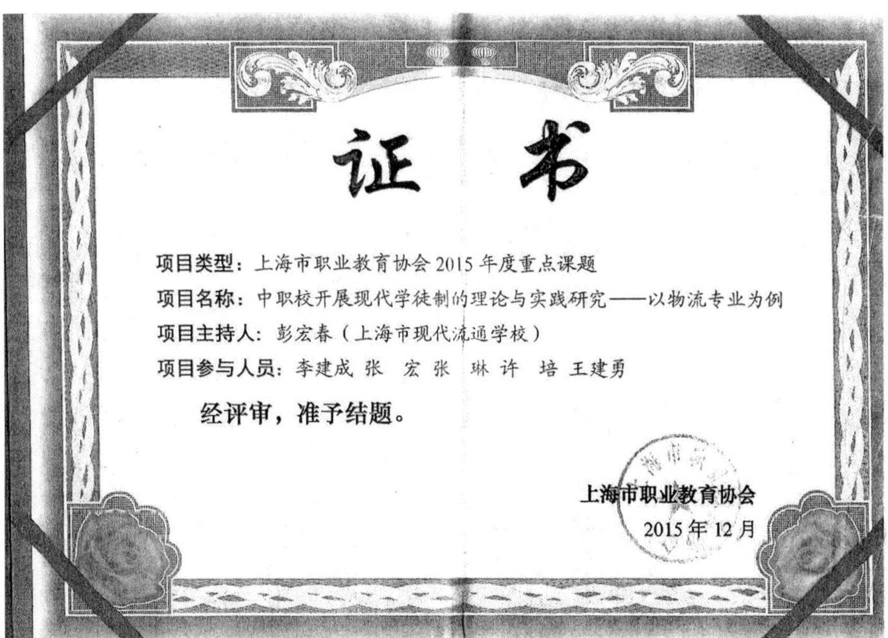

证　书

项目类型：上海市职业教育协会2015年度重点课题
项目名称：中职校开展现代学徒制的理论与实践研究——以物流专业为例
项目主持人：彭宏春（上海市现代流通学校）
项目参与人员：李建成 张　宏 张　琳 许　培 王建勇

经评审，准予结题。

上海市职业教育协会
2015年12月

5. 上海交通物流职教集团研究课题2015年重点课题

课题结题通知

上海市现代流通学校：

贵校在2015年选送申报并由上海交通物流职教集团立项的研究课题共2项（A类为重点课题；B类为一般课题），经专家评审，下列课题予以结题。

编号	负责人	课题名称	类别	结题结果
WZJA1517	彭宏春	现代学徒制在中职物流专业的探索与实践	A	结题
WZJB1512	张宏	物流管理中高职贯通专业培养模式创新研究	B	结题

上海交通物流职教集团

2016年11月28日

6. 全国院校物流教改教研课题2017年普通课题

全国院校物流教改教研课题

结题证书

经专家评审委员会评审，该项课题研究业已完成，同意结题。

特发此证。

中国物流学会　教育部高等学校物流管理与工程类专业教学指导委员会（代章）　全国物流职业教育教学指导委员会

二〇一七年六月二十七日

课题名称：现代学徒制在中职物流服务管理专业的探索与实践研究 JZW2016139

课题研究时间：2016年3月-2017年3月

主持学校：上海市现代流通学校

课题负责人：彭宏春

课题主要研究人员：李建成，王彦文，赵一萍，张宏，许蓓

物学字第 2016CSLJG103 号

7. 上海市中等职业学校第四届校本教材展示交流评比活动优秀校本教材

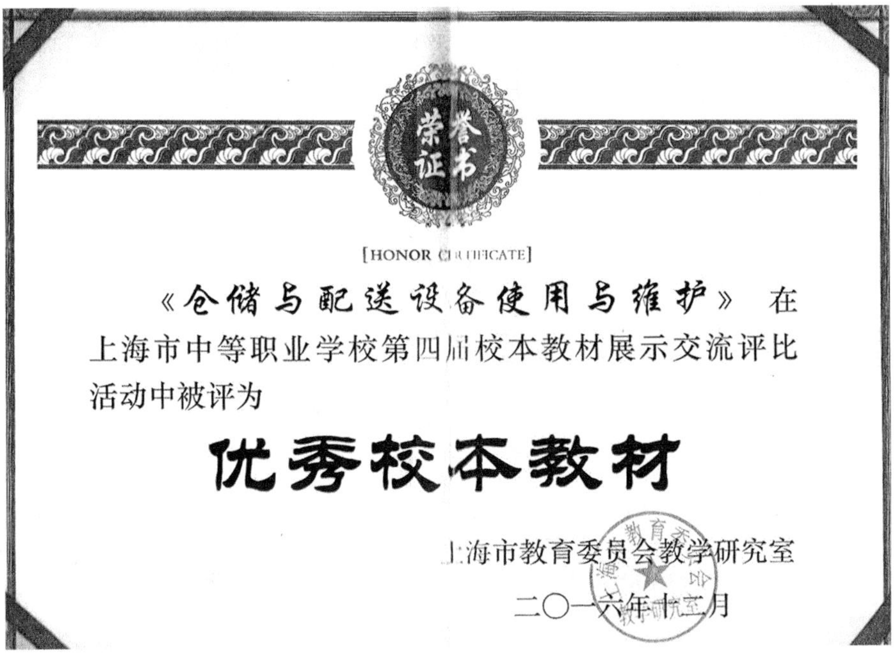

荣誉证书

[HONOR CERTIFICATE]

《仓储与配送设备使用与维护》在上海市中等职业学校第四届校本教材展示交流评比活动中被评为

优秀校本教材

上海市教育委员会教学研究室

二〇一六年十二月

8. 2016年中国技能大赛——上海市宝山区职业技能竞赛叉车司机竞赛项目第一名至第六名

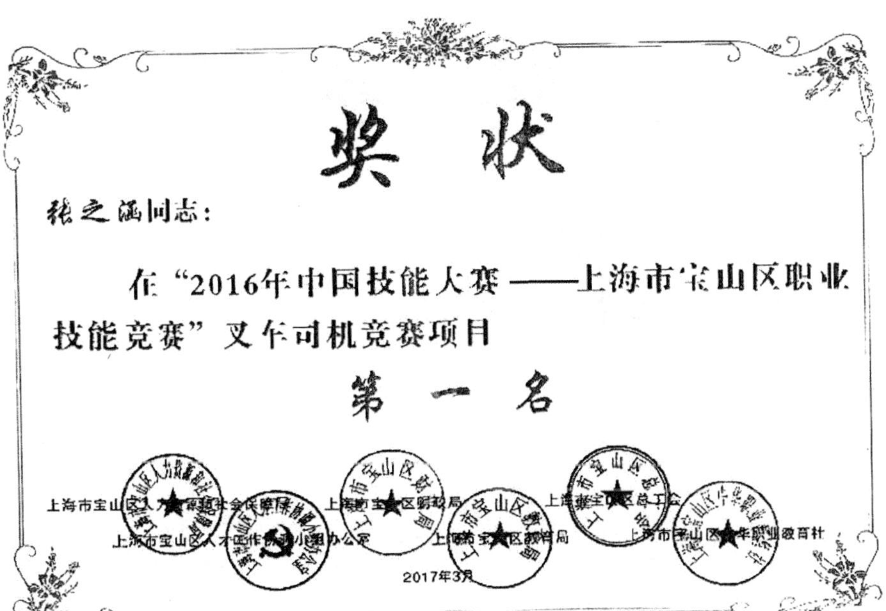

奖状

张之涵同志：

在“2016年中国技能大赛——上海市宝山区职业技能竞赛”叉车司机竞赛项目

第一名

上海市宝山区人力资源和社会保障局　上海市宝山区财政局　上海市宝山区总工会

上海市宝山区人才工作协调小组办公室　上海市宝山区教育局　上海市宝山区青年职业教育社

2017年3月

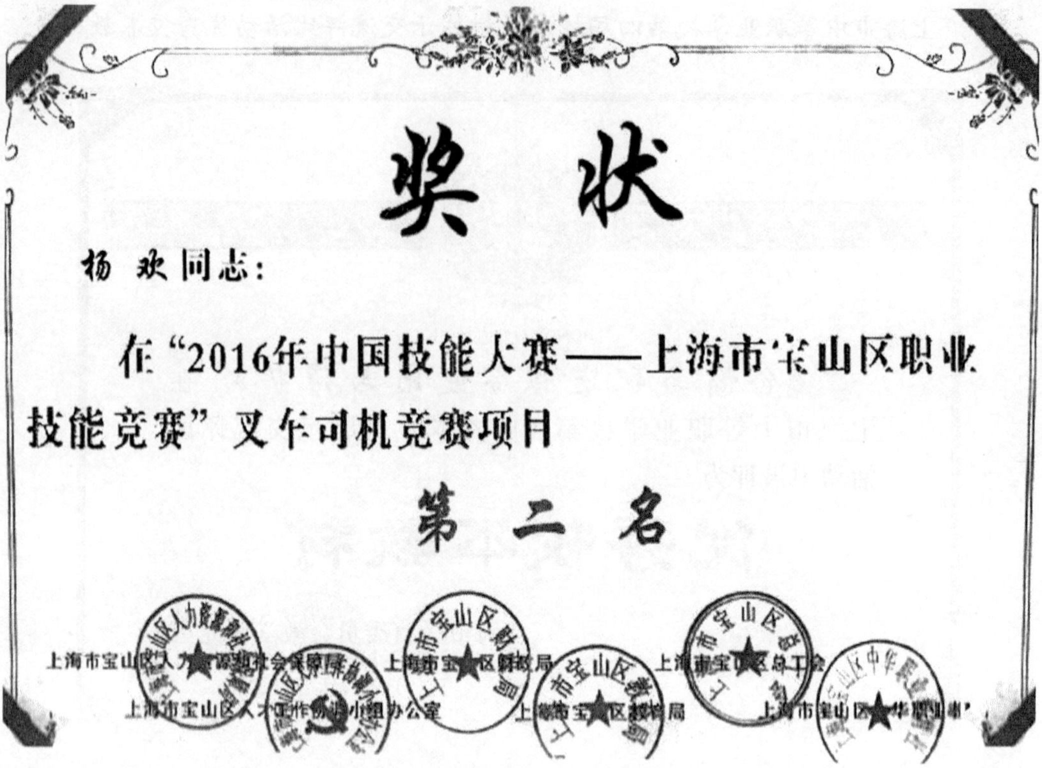

奖状

杨欢同志：

在"2016年中国技能大赛——上海市宝山区职业技能竞赛"叉车司机竞赛项目

第二名

上海市宝山区人力资源和社会保障局　上海市宝山区财政局　上海市宝山区总工会

上海市宝山区人才工作协调小组办公室　上海市宝山区教育局　上海市宝山区中华职业教育社

奖状

吴素平同志：

在"2016年中国技能大赛——上海市宝山区职业技能竞赛"叉车司机竞赛项目

第三名

上海市宝山区人力资源和社会保障局　上海市宝山区财政局　上海市宝山区总工会

上海市宝山区人才工作协调小组办公室　上海市宝山区教育局　上海市宝山区中华职业教育社

2017年3月

奖状

尹佳琪同志：

在"2016年中国技能大赛——上海市宝山区职业技能竞赛"叉车司机竞赛项目

第四名

上海市宝山区人力资源和社会保障局　上海市宝山区财政局　上海市宝山区总工会

上海市宝山区人才工作协调小组办公室　上海市宝山区教育局　上海市宝山区中华职业

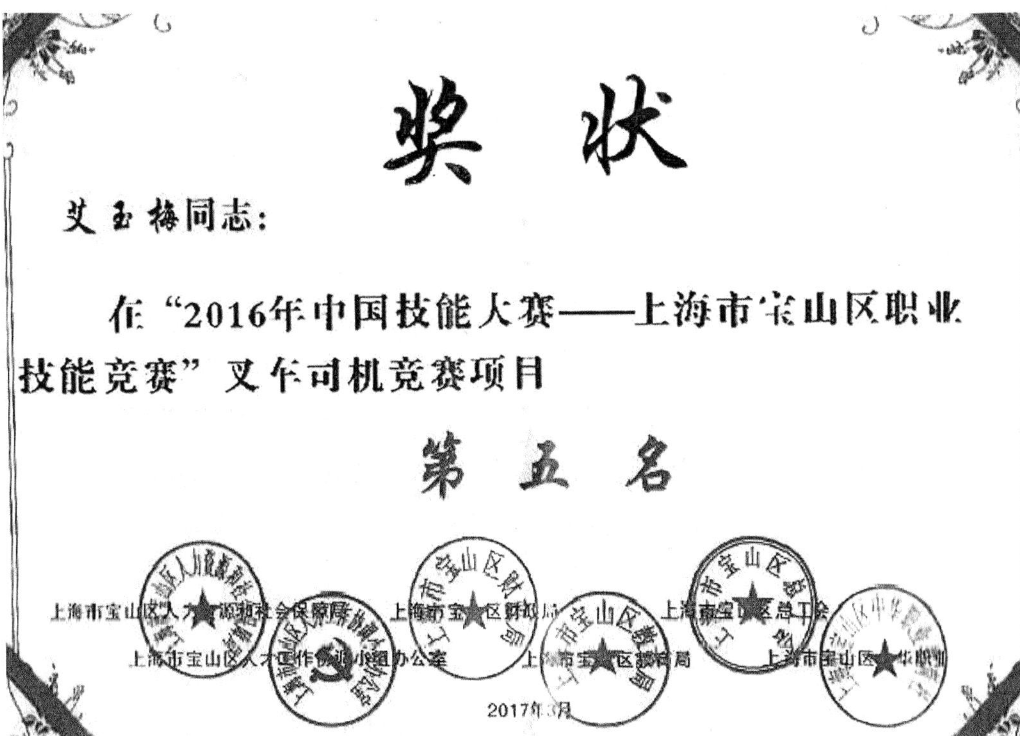

奖状

艾玉梅同志：

在"2016年中国技能大赛——上海市宝山区职业技能竞赛"叉车司机竞赛项目

第五名

上海市宝山区人力资源和社会保障局　上海市宝山区财政局　上海市宝山区总工会

上海市宝山区人才工作协调小组办公室　上海市宝山区教育局　上海市宝山区中华职业

2017年3月

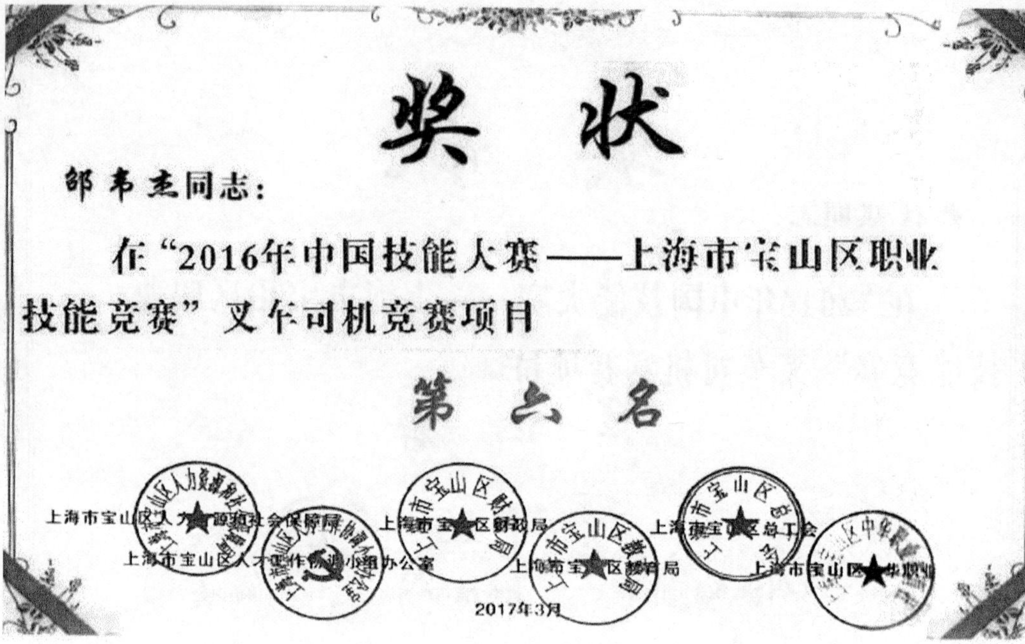

奖状

邵韦杰同志：

在“2016年中国技能大赛——上海市宝山区职业技能竞赛”叉车司机竞赛项目

第六名

上海市宝山区人力资源和社会保障局　上海市宝山区财政局　上海市宝山区总工会
上海市宝山区人才工作协调小组办公室　上海市宝山区教育局

2017年3月

（四）发表案例与论文

1. 案例：实践中英“现代学徒制”创新人才培养模式

现代学徒制“4S”学徒在岗学习模式探索

引言：学徒在岗学习是现代学徒制人才培养的精华，其质量高低直接影响现代学徒制实践成功与否。然而我国现代学徒制实践中的最严重问题恰恰是学徒在岗学习质量低下。

上海市现代流通学校与上海顶通物流有限公司合作的物流与管理专业现代学徒制是英国总领事馆文化教育处在华首个“中英现代学徒制”试点、上海市首批现代学徒制试点和教育部首批现代学徒制试点。针对学徒在岗学习质量低下的问题，学校与企业借鉴英国经验并结合中国国情，探索形成“4S”学徒在岗学习模式，打造高质量学徒在岗培训。

“4S”学徒在岗学习模式的内涵是学习任务结构化（Structured Learning）、学徒学习自主化（Self-regulated Study）、学习评估标准化（Standardized Assessment）、质量保障体系化（Systemized Assurance）。它对学徒在岗“学什么”“怎么学”“怎么评”“怎么保障”提出了立体式的解决方案。学习任务体系及学材开发、“8–11 评估法”“四层三频”质量保障体系等做法操作性强，易于复制和推广。

“4S”学徒在岗学习模式实施成效显著。企业满意度高，学徒毕业后晋升快、工资高，教师的技术及教学水平显著提升，带动了全校的专业建设。项目被中国物流与采购联合会和全国物流职业教育教学指导委员会选为典型，在全国中高职院校的物流专业推广，示范及辐射效应显著。

一、背景与主题

学徒在岗学习是现代学徒制区别于学校职业教育的核心要素，也是现代学徒制人才培养的精华。学徒在岗学习质量的高低直接影响现代学徒制实践成功与否。然而，我国众多现代学徒制实践备受诟病的问题恰恰是学徒在岗学习质量低下，表现为“学徒放羊”“只做不学”“学得随意”“缺乏监管”等。这一问题的普遍存在不仅使得现代学徒制难以培养出高质量的技术技能人才，还直接导致了社会对现代学徒制的负面看法。虽然产生这一问题有许多主客观原因，但综合而言，问题症结在于：

（1）在岗学习的任务不明确或不合理，不清楚要“学什么”；

（2）在岗学习的方式模糊或难实现，不清楚要“怎么学”；

（3）在岗学习的评价缺位或不合理，不清楚要“怎么评”；

（4）在岗学习的质量保障缺位或不合理，不清楚要“怎么保障”。

二、过程与措施

（一）破解的思路

“4S”学徒在岗学习模式由四个层面构成（见图 4–1），针对学徒在岗“学什么”“怎么学”“怎么评”“怎么保障”提供了系统性的解决方案，从而有效提高和保障学徒在岗学习质量。

（1）学习任务结构化（Structured Learning），解决“学什么”。

基于模块教学理论和结构化在岗培训理论，主张按学徒成长规律设计模块化的岗位学习任务，使在岗学习任务明确、顺序合理、开展灵活。

（2）学徒学习自主化（Self–regulated Study），解决“怎么学”。

基于自主学习理论和情境学习理论，主张提供充分且高质的学习材料，激励和帮助学徒在工作场所自主学习，同时使企业导师能更有效地提供指导。

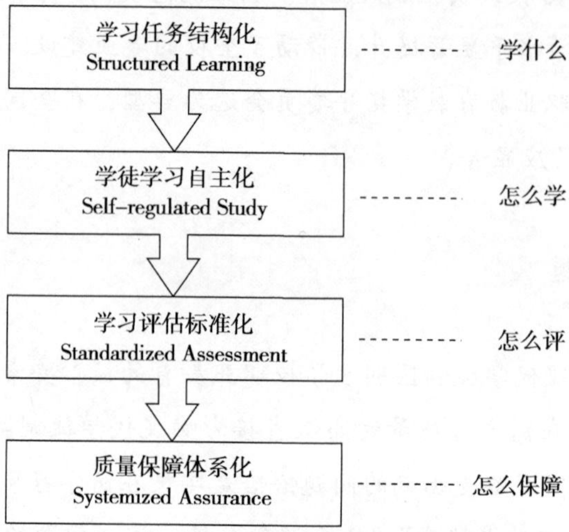

图 4–1 “4S”学徒在岗学习模式的构架

（3）学习评估标准化（Standardized Assessment），解决“怎么评”。

基于能力本位评价理论和标准作业程序原理，主张以明确的考核点和标准化的操作流程对学徒学习进行评估，侧重考核“输出能力”。

（4）质量保障体系化（Systemized Assurance），解决“怎么保障”。

基于第三方评估理论和质量控制理论，主张建立内外部分级的质量保障体系，突出评估的客观性与诊断作用。

（二）具体的措施

1. 校企联手，科学开发，学习任务结构化

学校与企业联合组成课程教学团队，共同制订了《中职物流服务与管理专业教学计划（现代学徒制）》。其中，学徒在岗学习安排在第三年，学徒要在仓库管理员（简称仓管员）、客户服务和调度员 3 个岗位轮转，保证学习的全面性。课程教学团队在充分吸纳英国仓储配送综合管理三级水平职业资格认证要求的基础上，结合中国国情与企业特点，围绕仓库管理员、客户服务和调度员 3 个岗位的典型工作任务，对学徒学习任务进行了系统完整的梳理，形成了由 8 个单元组成的学习任务体系（见图 4–2），8 个学习单元又进一步分解为 17 个具体的单元学习目标和 127 条评估标准，保证学徒所学与岗位要求相贴合、与资格证书相挂钩，既满足中国企业的需要，又满足英国资

格认证的要求。

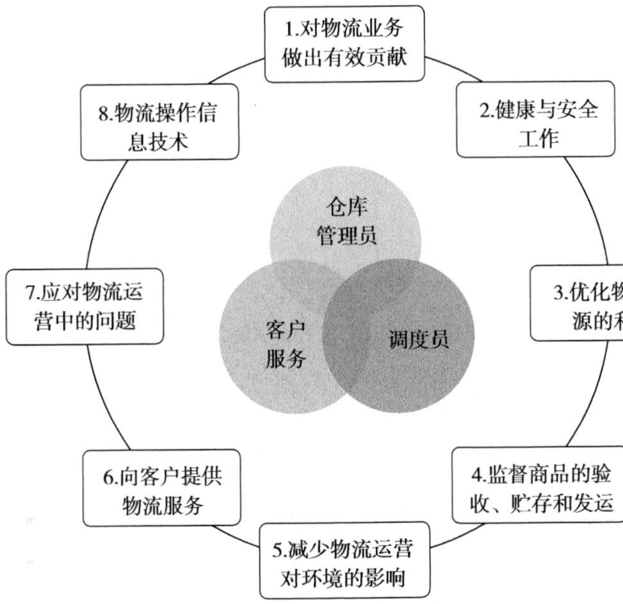

图 4–2　学徒在岗学习的学习任务体系

这一学徒在岗位学习任务体系完整体现了合格从业者所应具备的知识、技能、态度，突出软硬技能的结合，强调对企业业务的真实贡献，不仅使学徒在岗学习的任务完整、清晰，更使学习任务具体、可测，能有效帮助评估师（学校导师）、企业导师以及学徒对在岗学习任务达成清晰且统一的认识，为后续共同商讨学徒的自主学习计划奠定基础。

2. 开发学材，个别指导，学徒学习自主化

自主学习是学徒在岗学习的最好方式，这是由企业的生产特性和学徒的个体差异决定的。“4S”学徒在岗学习模式激励并支持学徒自主学习。具体做法是：每名评估师负责 2 名学徒；在开展学徒培训前，评估师指导学徒完成初始评估，了解学徒学习的起点（知识、能力、学习偏好等），与学徒及企业导师一起商定整体学习计划；评估师每周到企业评估学徒学业进展，共同拟订或调整下周学习计划；学徒日常根据学习计划在企业导师指导下展开学习。在学材方面，课程团队根据中国企业实际情况对英国教材进行了必要调整，对应 8 个学习单元形成了系列化的学徒在岗学习练习手册、综合练习手册等。与传统的教材和学材不同，这些练习手册由大量的企业环境下的观察、操作及反思记录组成（见图 4–3），要求学徒融入企业业务，通过自己主动的观察、操作和反思，获得相应的知识、技能与态度。

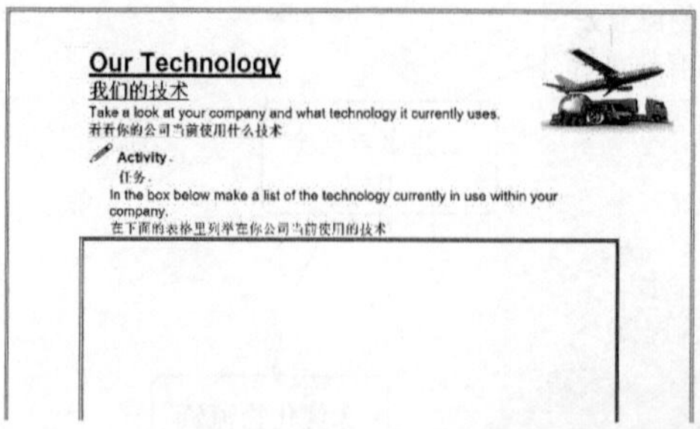

Our Technology
我们的技术
Take a look at your company and what technology it currently uses.
看看你的公司当前使用什么技术
Activity
任务
In the box below make a list of the technology currently in use within your company.
在下面的表格里列举在你公司当前使用的技术

5.1 工作区域干净、整洁

在任何工作区域，企业都会要求保持干净、整洁，请结合日常工作，填写下列表格。

工作区域	保持该区域干净、整洁的重要性	所使用的清洁材料以及废物处理设备	清洁时可能会产生的问题	解决方案
库区				

图 4–3 学徒在岗学习练习手册中的部分练习示例

3. 规范流程，明确方法，学习评估标准化

学评同步、以评促学是“4S”学徒在岗学习模式的核心特征。要充分发挥评估的诊断和指导作用，就必须有科学完整的评估方案和工具。学校与企业对英国学徒制评估方案进行了改造，由学校导师担任评估师，形成了具中国特色的“8–11 评估法”。“8”指的是评估师走访企业评估学徒的 8 个标准流程：①制订评估计划；②与学徒面谈了解本周工作情况（缺勤、工作内容、工作态度等）；③检查上周布置的作业；④对本周学习成果进行评估；⑤对评估结果进行评价和反馈（对不达标内容进行再培训）；⑥布置下周学习任务，与学生约定评估时间；⑦填写评估报告（周总结 + 月总结），整理归档评估材料；⑧每月召开评估师、学徒、导师三方会议，使三方了解评估目标和内容。

“11”指的是 11 种评估方法：个人陈述法（PS）、问答法（Q）、引导式讨论法（GD）、练习册法（WB）、先前学习成果法（APL）、观察法（Ob）、证人证词法（WT）、作业 / 项目法（A/P）、工作产出测试法（EP）、口头汇报法（LP）、工作经验法（CH）。评估师与学徒在对单元标准条文的理解和掌握下，根据工作岗位情况、学徒特点及取证难易度等，共同商议最合适的评估方法（知识标准至少采用 1 种评估方法，技能标准至少采用 2 种评估方法），并在充分准备的基础上取证。评估师需对证据做出判断，确认学徒是否已达到职业标准的要求，如果达标，则需将合格的证据材料上传至学习管理平台。如果学徒的能力尚未达标，则评估师给出反馈建议，学徒继续改进，约定二次考核，直到学徒符合职业标准条文的相关要求。

4. 四层监控，三频管理，质量保障体系化

“4S”学徒在岗学习模式采用“四层三频”的方式实现质量保障体系化。“四层”指的是质量保障由企业导师、评估师、内审员和外审员四层监控实现（见图 4–4）。其

中，企业导师负责监督指导学徒学习；评估师由学校导师担任，负责评估学徒的学习成果；内审员由第三方咨询公司（英国瑞尔公司）的专家担任，负责评估评估师的水平（含 30 个考核点）；外审员由颁证机构担任（第一、第二期学徒制项目为英国培尔森颁证机构，经本土化后第三期学徒制项目已转为中国物流与采购联合会），对学徒、评估师、内审员的整体质量进行跟踪把控，评估合格后颁发相应的培训合格证书。

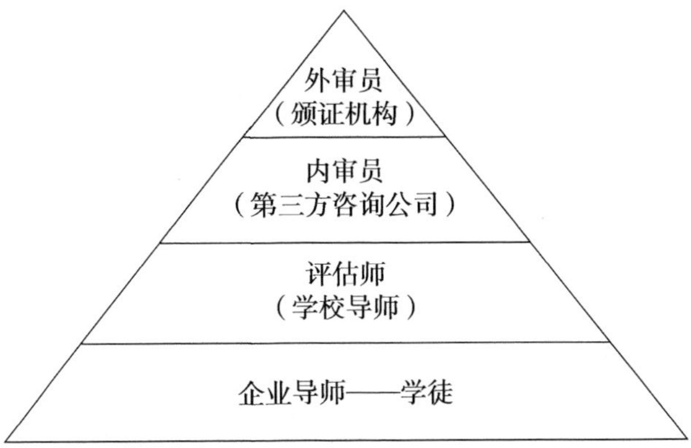

图 4–4　“4S”学徒在岗学习质量保障体系

“三频”指的是日、周、季三种管理频次：①日管理：由企业导师管理和监督学徒每日按学习计划及企业标准作业程序（SOP）开展学习和实践。②周管理：一是由评估师每周对学徒在岗学习进行评估；二是由内审员每周对评估师辅导学徒学习的情况进行考评并给出改进建议。③季管理：由内审员每季度考核评估师的评估技能，给出评价意见。所有的评估与管理都有工具并形成报告，如周总结表、月总结表、内审员月现场考核表、内审员抽样检查报告、外审员抽样检查报告等（见图 4–5）。

三、效果与创新

（一）主要成效

1. 学徒培养质量显著提升，深受合作企业好评

试点以来已经有两届学徒毕业。其中第一届学徒参加了英国物流操作三级认证，20 名学徒全部通过。两届学生中获得叉车五级证书、叉车上岗证、中物联助理物流师证书、仓库保管员四级证书的比例也非常高（见表 4–2）。学徒一年以上留任率分别达 80% 和 70%。合作企业对学生及项目给予了高度评价：“现代学徒制项目的校企合作，

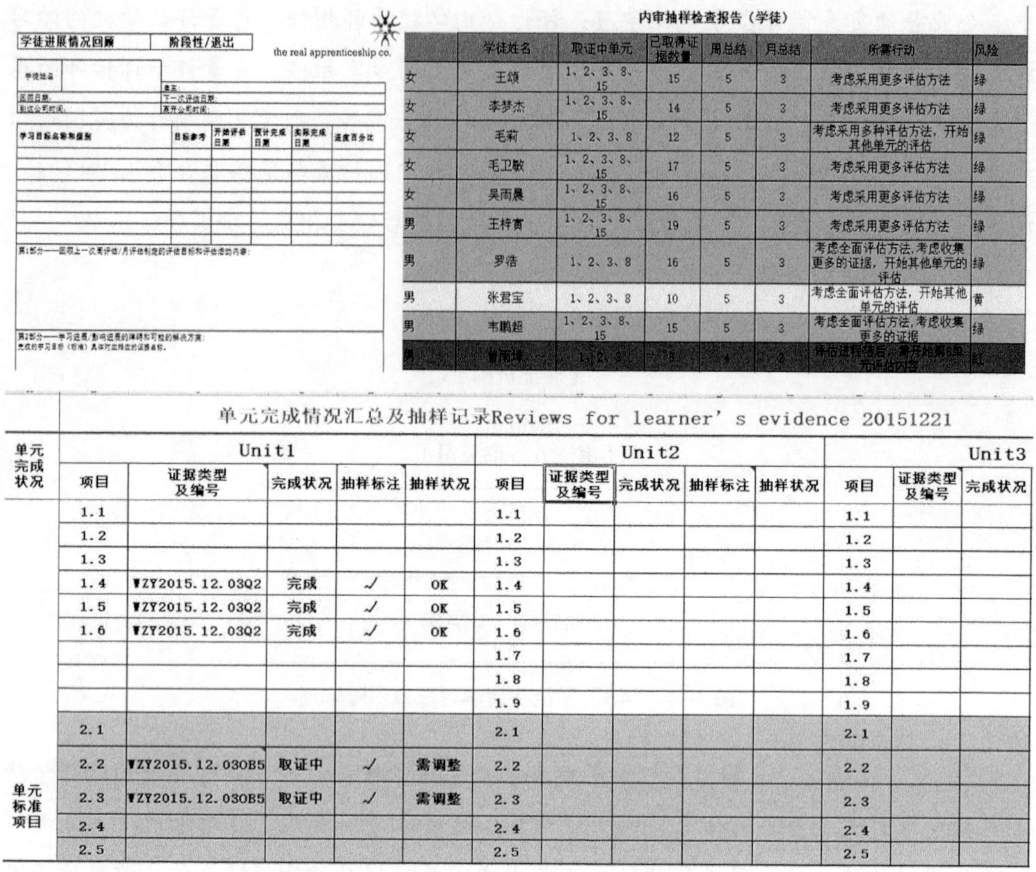

学徒进展情况回顾	阶段性/退出
学徒姓名	
回顾日期：	下一次评估日期：
到达公司时间：	离开公司时间：

学习目标名称和级别	目标参考	开始评估日期	预计完成日期	实际完成日期	进度百分比

第1部分——回顾上一次周评估/月评估制定的评估目标和评估活动内容：

第2部分——学习进展/影响进展的障碍和可能的解决方案：
完成的学习目标（标准）具体对应相应的证据名称。

the real apprenticeship co.

内审抽样检查报告（学徒）

	学徒姓名	取证中单元	已取得证据数量	周总结	月总结	所需行动	风险
女	王颂	1、2、3、8、15	15	5	3	考虑采用更多评估方法	绿
女	李梦杰	1、2、3、8、15	14	5	3	考虑采用更多评估方法	绿
女	毛莉	1、2、3、8	12	5	3	考虑采用多种评估方法，开始其他单元的评估	绿
女	毛卫敏	1、2、3、8、15	17	5	3	考虑采用更多评估方法	绿
女	吴雨晨	1、2、3、8、15	16	5	3	考虑采用更多评估方法	绿
男	王梓寅	1、2、3、8、15	19	5	3	考虑采用更多评估方法	绿
男	罗浩	1、2、3、8	16	5	3	考虑全面评估方法,考虑收集更多的证据，开始其他单元的评估	绿
男	张君宝	1、2、3、8	10	5	3	考虑全面评估方法，开始其他单元的评估	黄
男	韦鹏超	1、2、3、8、15	15	5	3	考虑全面评估方法,考虑收集更多的证据	绿
男	[illegible]	1、2、3	[illegible]	4	2	评估进程落后，需开始第8单元评估内容	红

单元完成情况汇总及抽样记录Reviews for learner’ s evidence 20151221

单元完成状况	Unit1					Unit2					Unit3		
	项目	证据类型及编号	完成状况	抽样标注	抽样状况	项目	证据类型及编号	完成状况	抽样标注	抽样状况	项目	证据类型及编号	完成状况
	1.1					1.1					1.1		
	1.2					1.2					1.2		
	1.3					1.3					1.3		
	1.4	▼ZY2015.12.03Q2	完成	√	OK	1.4					1.4		
	1.5	▼ZY2015.12.03Q2	完成	√	OK	1.5					1.5		
	1.6	▼ZY2015.12.03Q2	完成	√	OK	1.6					1.6		
						1.7					1.7		
						1.8					1.8		
						1.9					1.9		
单元标准项目	2.1					2.1					2.1		
	2.2	▼ZY2015.12.03OB5	取证中	√	需调整	2.2					2.2		
	2.3	▼ZY2015.12.03OB5	取证中	√	需调整	2.3					2.3		
	2.4					2.4					2.4		
	2.5					2.5					2.5		

图 4-5 “4S”学徒在岗学习评估管理工具示例

通过系统化的培训、科学及完善的评估体系，为我司培养出了一批适用的人才，为我司未来的发展储备了力量。”由于毕业生的技术技能水平过硬且企业融入度高，岗位晋升速度及薪资待遇均高于同期招聘的普通毕业生（见表 4-2）。

表 4-2　毕业生获得资格认证的情况

资格认证	颁证机构	2016届	2017届
英国物流操作三级证书	Edexcel	20	—
物流高级学徒制证书	The Real Apprenticeship Co.	—	12
助理物流师证书	中物联	20	—
叉车五级证书	上海市人力资源和社会保障局	20	8
叉车上岗证	上海市质量技术监督局	5	—
仓库保管员（四级）证书	上海市人力资源和社会保障局	10	8

注：2016 届学徒为 20 人，2017 届学徒为 12 人；“—”为未参加该项认证。

部分毕业生岗位及薪资情况如表 4–3 所示。

表 4–3　　部分毕业生岗位及薪资情况

姓名	毕业年份	目前岗位	薪资水平（元）
万正光	2015	仓管	7000
高正文	2015	仓管	6000
孙益	2015	调度	6000
王智超	2015	调度	6000

2. 师资队伍水平明显提高，带动全校专业建设

专门培训以及常规企业走访，使得师资队伍的专业技术、教学及科研水平明显提高。学校与企业先后共派遣 12 名专业骨干教师及业务主管赴英参加英国学徒制评估员培训，他们全部取得英国评估员资质，其中 3 人还取得英国内审员资质。专业教师在上海市“星光计划”中获得指导学生一等奖；在公开学术期刊发表现代学徒制论文 4 篇；完成全国物流职业教育教学指导委员会、上海市职业教育协会等学徒制课题 3 项；获中国职业技术教育学会商科专业委员会论文评审一等奖 2 项、二等奖 1 项；教材《仓储与配送设备使用与维护》在上海市中等职业学校第四届校本教材展示交流评比中获“优秀校本教材”。学校不定期以专题培训、业务研讨等方式将试点的成功做法向全校推广，带动了全校专业建设向深度校企合作方向改革。

3. 实践模式广受关注好评，示范效应辐射全国

项目受到社会的广泛关注和好评。《东方早报》《新闻晨报》《上海职教在线》《物流教育与培训》等多个媒体均对项目进行了报道。3 篇案例报告被上海市教委教研室选编入《上海市职业教育国际水平专业教学标准试点实施案例》。接待中国职业教育协会、青岛市教育局、广西柳州职业技术学院等来自全国各地来访调研的职业教育机构23批，总计 139 人（见图 4–6）。学校还被中国物流与采购联合会和全国物流职业教育教学指导委员会选为典型，将学校做法上升为行业做法，在全国中高职院校的物流专业推广。目前学校已受邀参加了中国物流与采购联合会在全国 12 个地区的现代学徒制推广宣传和培训活动（见表 4–4），反响热烈。

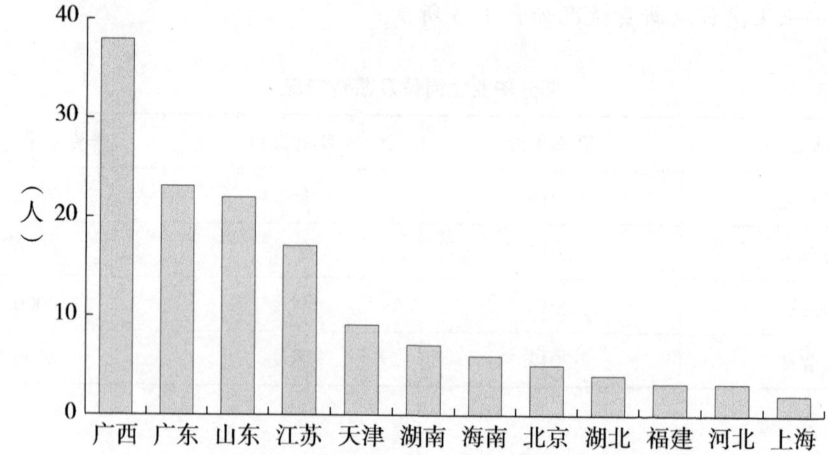

图 4–6　接待来访调研机构及人数的地区分布

表 4–4　　参与中国物流与采购联合会现代学徒制推广活动

序号	地区	时间	序号	地区	时间
1	青岛	2016 年 3 月 10—11 日	7	常州	2016 年 6 月 3—4 日
2	武汉	2016 年 3 月 17—19 日	8	西安	2016 年 5 月 20—21 日
3	厦门	2016 年 3 月 30—31 日	9	柳州	2016 年 7 月 2 日
4	杭州	2016 年 4 月 14—15 日	10	广州	2016 年 9 月 24—25 日
5	济南	2016 年 5 月 10—11 日	11	新疆	2016 年 6 月 13—14 日
6	安徽	2016 年 8 月 2 日	12	无锡	2016 年 3 月 23—24 日

（二）创新之处

1. 理论创新

（1）构建了立体式的学徒在岗学习理论框架。基于理论反思与实践探索，对学徒在岗学习“学什么”“怎么学”“怎么评”“怎么保障”做出系统回答，为提高和保障学徒在岗学习质量构建了立体的理论框架。

（2）揭示和解决了经营与教学、个性与共性的矛盾。学徒在岗学习质量不高归根结底是企业经营与教学需要的矛盾、学徒个性化发展与统一教学安排之间的矛盾，破解之道在于多层质量监控以及灵活且个性化的学习方案。

2. 实践创新

（1）保障体系创新——内外合力、多层管控。“四层三频”的质量保障体系充分调动内外部力量，尤其是加入了第三方咨询公司和颁证机构的管控，从而实现质量监控的客观性。

（2）学评方案创新——学评同步、以评促学。“8—11 评估法”突出能力本位，强化评估的诊断作用。基于评估结果，评估师、企业导师和学徒共商个性化学习计划，有效促进学徒学习。该学评方案流程规范、方法明确、易于推广。

（3）管理工具创新——基于制度、强化文档。基于 ISO 质量管理的思路，创建了系列化的制度文件和操作文档，使制度得以落实，实现过程可控、结果可控、成果可复制。

彭宏春

2. 案例：基于真实环境的职业能力培养

基于真实环境的职业能力培养①
——“职业健康与安全教育”中的消防安全为例

一、背景与主题

案例一：某企业仓库因电线短路起火，在浓烟蔽日中，十余名职工从厂房三楼洗手间窗户跳楼逃生。事故共有 23 人受伤。好在职工们跳楼的地方有间铁皮房，没有造成重大人员伤亡，除部分伤者是跳楼摔伤外，其他轻伤者是烟熏受伤或逃生时被划伤。

案例二：2014 年 9 月 1 日下午，上海市浦东新区龙东大道靠近外环线附近，浓烟滚滚，疑似周边某厂房起火。据警方透露，当日下午 14 时 12 分许，浦东公安分局接报，龙东大道 3869 号一物流仓库发生火灾，公安消防部门迅速到场处置。据悉，仓库内堆放纸品和塑料等众多物品（见图 4–7）。

---

①　此篇文章发表于《对接国际先进水平　提升人才培养质量——上海市职业教育国际水平专业教学标准试点实施案例》（华东师范大学出版社）。在收录入本书时对文章内容进行了局部修改。

图 4–7　火灾现场照片

近年来，我国物流仓库火灾频发，造成了大量的财产损失和人员伤亡。物流仓库储存的物品种类繁多，在电气设备管理、储存管理、机具管理、火种管理等诸多方面稍有差错就会导致仓库火灾。物流行业是高危行业，在物流职业教育中职业健康与安全教育极为重要，物流行业从业人员既应当掌握相关的坚实理论知识，也应当具有相关的较高的职业能力和职业素养。长期以来，我国的物流行业一般只对员工进行相关理论知识的灌输，而缺乏对职业能力和职业素养的培养。上述两例及近期发生的天津港危化仓库火灾爆炸事故等一系列事件说明，我国物流职业教育迫切需要对学生加强职业健康与安全教育，加强相关职业能力和职业素养的培养。

我校近年来不仅借鉴西方国家经验成功开发了物流服务与管理专业（仓储与配送管理方向）的国际水平教学标准，而且代表中国物流与采购联合会（CFLP）与英国瑞尔（Real）公司合作，在物流服务与管理专业（仓储与配送管理方向）全面引进了英国现代学徒制职教模式，联合上海顶通物流有限公司进行现代学徒制的试点工作，笔者有幸参与该试点项目。实践证明，现代学徒制在提升学生的职业能力方面效果显著。

现代学徒制是指职业院校教师和企业师傅“双导师”一起在企业实际生产过程中培养学生，通过言传身教、口传手授等方式使学生掌握知识和技能。它改变了以往职业教育中的理论与实践相脱节、知识与能力相割裂的局面，从根本上解决了职业教育脱离工商企业实践的弊端。职业能力与职业素养培养贯穿于教学的全过程。因此，我校物流服务与管理专业（仓储与配送管理方向）在进行现代学徒制试点、实施国际水平专业教学标准中，引进、开设了英国物流职业教育“职业健康与安全”课程，并学习借鉴其先进的教学理念与做法，注重在企业环境中“实岗”培养学生相关的职业能力与职业素养。

二、过程与结果

下面以“职业健康与安全”课程 Unit2– Health，Safety & Security at Work（单元 2：工作中的健康、安全和保护措施）中的 Fire Safety（消防安全）为例介绍我们如何基于真实环境来培养学徒的核心能力——职业胜任力的。

（一）校园环境中的课内消防安全教育

如在学校教授“防火与避险”课程，主要内容包括：

（1）关于火的常识（燃烧的定义，物质燃烧的三个必备条件）；

（2）校园防火措施；

（3）火灾的扑救（灭火的基本方法，常用灭火器的类型及使用方法）；

（4）避险与逃生（火灾时，发生踩踏事故时）。

在教学方法上，首先讲授相关理论知识，然后让学生开展以下三项活动。

（1）分组讨论：怎样预防火灾事故？如遇火灾，应立即采取哪些避险措施？

（2）小调查：周围环境中存在哪些火灾安全隐患？应如何改进？

（3）就学校每年一度的消防演习每人写一篇心得体会。

（二）企业环境中的实岗消防安全教育

1. 评估老师在企业现场对学徒进行培训

按照英国现代学徒制的要求，在对学生进行每个单元的评估考核之前，评估师必须给学徒讲授该单元指定的理论知识。英国内审员（IQA）将 10 位评估师平均分成 5 个小组，要求在一年时间内每组轮流在每周一下午（14：00 —17：30）对 20 位学徒进行理论培训。为保证授课效果，授课前，评估师们必须认真备课并撰写教案以熟悉讲授的内容，并查阅和准备一些辅助材料。为强调职业健康与安全的重要性及确保学徒在岗安全，英国专家要求把 Unit2 放在所有授课单元的第一个进行。针对 Unit2 指定的理论知识培训内容包括五个部分：① Health & Safety Short Course（健康与安全的简短课程，共 52 页 PPT）——讲述了火的必要条件、危险性、预防和控制；② You Have Been Warned（你已经被警告）——要求学生画出紧急出口标志、禁烟标志和火灾时避免使用电梯的场景；③ Risk Assessment Training（风险评估培训，共35页PPT）；④ Young Person General Risk Assessment（针对年轻人的一般风险评估）；⑤ Health & Safety Sign Quiz（健康与安全标识小测验）——要求学生辨识包括消防安全标志在内的各种标志。

2. 学徒完成本单元（Unit2）的工作簿（Workbook）

学徒在评估老师的指导与启发下，通过自我思考、参与讨论、向他人请教、查阅资料和文件、上网搜索等方式完成工作簿。在工作簿的标题“事故和突发事件”（Emergencies and Accidents）下，有四道与消防安全相关的题目需要学徒去完成。

（1）On discovery of a fire，what action would you take ？ Describe your company procedure.（一旦发生火灾，应采取什么措施？请描述你公司的程序措施。）

（2）Below is a table relating to fire extinguishers. All fire extinguishers are red and have a colored label attached to them，to help with identification. Locate the fire extinguishers in your workplace and use them to complete the table below.（见表4–5。所有的灭火器都是红色的而且有一个彩色标签以助于辨认。找到你所在工作地点的灭火器并且使用其信息填写表4–5）。

表4–5　　灭火器相关信息

Colour（颜色）	Contents（内容）	How does it put out fire？（如何灭火）	Safe on which fires？（适用于何种火灾）	Unsafe on which fires？（不适用于何种火灾）	Location in depot（在仓库中的位置）
Red（红色）					
Black（黑色）					
Blue（蓝色）					
Cream（米色）					

（3）When would you use a fire extinguisher and what is the correct method for use？（何时会用到灭火器？灭火器的正确使用方法是什么？）

（4）Draw a rough plan of your workplace and show where the alarms, emergency exits, escape routes, emergency equipment and assembly points are located.（草拟出你所在工作场所的平面图，并且标示出警报器、紧急出口、逃生路线、急救设备和集合点的位置。）

3. 学徒参加企业现场消防演习并撰写个人陈述（Personal Statement）

2014 年 11 月 24 日上午，上海顶通物流有限公司请来六名消防支队的消防官兵在桃浦库区指导进行了一场消防演习，20 名学徒全部参与了此次演习。之后，每个学徒都撰写了个人陈述（见图 4–8）。

图 4–8　消防演习照片

4. 学徒提供证据证实自己具备考核标准中要求的职业能力以及评估师取证

Unit2 的考核标准共分 3 个部分。Section1：Be able to work safely（第一部分：能够安全工作）；Section2：Be able to monitor the workplace for hazards（第二部分：能够监控工作地点的危害）；Section3：Be able to contribute to workplace security（第三部分：能够对工作地点的安全保障做出贡献）。学徒需要提供证据证实自己具备相关技能和能力。在“第一部分：能够安全工作”中，有四道与消防安全相关的题目需要学徒提供证据，且评估师需要取证。这四道题目如下。

（1）Take appropriate action in the event of fire, emergencies or accidents.（能在火灾、突发事件或事故时采取适当措施。）

（2）Identify where alarms, emergency exits, escape routes, emergency equipment and assembly points are located.（能确认警报器、紧急出口、逃生路线、急救设备和集合点的位置。）

（3）Demonstrate safe and appropriate use of emergency equipment.（能演示如何安全和适当地使用急救设备。）

（4）Distinguish between different alarm-sounds.（能区分不同的报警声音。）

取得的成效如下。

国际水平教学标准中规定的“职业健康与安全”课程“消防安全（Fire Safety）”部分所涉及的职业能力共包括四项：①能遵循疏散程序，在紧急状况下正确选择逃生路线；②能根据货物种类及设备使用说明，正确配备消防设施设备；③能检查消防设备的故障或有效期，上报并更换；④能根据消防设备型号及现场应急程序，使用灭火设备控制火势并报警。通过现代学徒制试点，我们培养的学生（学徒）确实能掌握“消防安全”所涉及的4个职业能力，能做到百分之百地了解和安全使用灭火器，完全掌握了火灾应急程序，在发生火灾时更有能力沉着应对，其消防安全的意识也明显提高。

我校试点班的学生，经过专门培养，特别是经过企业三个岗位的轮岗实习，至2015年7月，20名学徒所提供的各种评估证据资料（包括消防安全的证据资料）经过英国内审员审核，并报经外审员终审，被确定为全部合格。2015年9月28日，英国瑞尔有限公司专家至上海为每位学徒颁发了英国培生集团（PEARSON）认证机构签发的物流运作管理（Logistics Operation Management，LOM）高级学徒（三级）证书（见图4-9）。

图4-9　LOM高级学徒（三级）证书

三、反思与启示

且思且行，现代学徒制试点中我们所经历的“职业健康与安全”课程实施过程，究竟给了我们哪些启示？

（一）学生是学习的主体、实践的主体

通过轮岗前校内理论课程的学习（“职业健康与安全”课程中“防火与避险”一课），学生初步了解了消防安全的理论知识；通过学徒在岗时评估老师的企业理论授课，学生加深了对消防安全理论知识的理解，并在头脑中形成了消防安全相关图景的清晰图像；通过在教师指导和启发下采取多种方式回答 Unit2 工作簿中的 4 个相关问题，学生掌握了火灾时的应急措施和工作程序、理解了灭火器的分类和灭火原理及其适应的火灾类型和摆放的具体位置、掌握了具体工作环境中各种消防安全相关要素的配备及位置；通过学徒提供证据证实自己具备 Unit2 考核标准中 4 个问题所要求的能力，学徒熟练展示了与消防安全相关的职业能力；通过实际参与消防演习，学生在实际环境中强化了与消防安全相关的职业能力，简言之，通过校内校外一贯制培养、显性课程和在岗实习相结合培养，现代学徒制构建了以实践教学体系为主导的人才培养模式，体现出了其在培养学生职业能力方面的显著优势。

建构主义提倡在教师指导下的、以学习者为中心的学习，教师是意义建构的帮助者、促进者，而不是知识的传授者与灌输者。学生是信息加工的主体、是意义的主动建构者，而不是受外部刺激的被动接受者和被灌输的对象。本案例中，在评估教师指导和启发下，学徒通过自我思考、参与讨论、向他人请教、查阅资料和文件、上网搜索等方式完成工作簿，在掌握了技能和能力的前提下提供现实证据以证实自己的技能和能力，学徒亲身参与消防演习等都体现了教师指导下的以学习者为中心的学习，这是建构主义学习理论完美而生动的体现。

（二）以评促学、以评促教

在现代学徒制中，学徒完成学习培训是以达到能力要求为标准的。对学徒的培训和考评强调的是职业能力，而非理论知识。

现代学徒制体系与英国国家职业资格（NVQ）体系相对应。在教学培训框架中有三大要素：能力要素、知识要素、关键技能要素。其中，关键技能又称核心技能或可迁移技能，它包括六类，即交流、数字应用、信息通信技术、与他人合作、学习与业绩的自我提高以及问题解决。这三大要素中，能力要素是核心要素，它的表现形式就是国家职业资格，其他两个要素均是围绕着这一核心要素设计的。现代学徒制不会控制学徒学习培训的过程，而是强调培训的结果，即学徒完成学习培训是以教学培训框架中规定的各类职业资格证书的取得为依据的。对学徒的考评不以传统的书面考试为

主，而是注重对实践能力的测试。考评经常就在工作场所开展，包括在工作场所观察学习者在自然工作状态下的工作表现，在工作场所内对学习者的工作表现有重点、有选择地加以考察，以及在模拟的工作情境中对学习者进行能力测试、技能测试、熟练度测试和让学习者进行指定作业等。在进行评定时，颁证机构一般对学徒采取多种方法进行多次评定，以求获得最可信的工作能力证明，判定其能否在各种变化着的工作环境中完成任务。前述有关“消防安全”的考核充分体现了在实际工作现场对学徒实施相关职业能力评估的基本特点。这种注重实际能力的评估，其过程不但是“消防安全”教育的重要教学环节，而且确实对教与学起到了积极、有效的引导和促进作用。

（三）注重思考问题和解决问题，在“做中学”“做中思”

物流运作管理三级是高级学徒，培养的是企业的初级管理人员（如一线班组长）。每个课程单元都从不同的角度解读物流，这样8个单元就拼出了一个关于物流的基本图像——物流活动包括哪些基本内容？物流管理应从何处着手？哪些方面应得到重视（如职业健康与安全、环境保护等）？学徒经过实岗学习和培训并思考和回答这8个单元中的问题及完成所有的工作簿会促使其学会从管理者的角度思考问题。

回答每个单元中的问题及每个工作簿中的问题绝非易事，学徒除了“做中学”外，还须在“做中思”。这些问题大多在现实工作中找不到现成答案，在课本上也找不到标准答案，回答这些问题需要学徒深思并从现实工作中提炼，这不仅需要概括的能力和思维逻辑，而且需要站在不同的角度思考，并要求学徒具有更广阔、更科学的视角。回答这样的问题锻炼了学徒的逻辑思维和理论与实践相结合的能力，这为学徒日后成为一位管理者奠定了基础。

现代学徒制要求每一位评估师在问学徒问题时，不能仅满足于学徒一般的解释，而应进一步追问学徒“为什么是/会这样？”“如果这样那么管理者应怎么办？”等，这就促使和鼓励学徒做进一步的思考，使学徒能真正站在一个管理者的角度思考问题和寻求解决问题的办法。

（四）构建新型师生关系，促进学生职业能力培养

现代学徒制是“工作本位”职业教育的典型模式。在该教育模式下，学生作为学徒在企业轮岗实习，在这期间学生和评估教师的关系是师徒关系，学生充当教师的徒弟，在教师的指导和启发下在岗学习相关的理论知识和掌握相关技能与能力，并为自己的专业理论知识和职业能力提供证据。在此期间师生关系的融洽与否直接影响着教

育和培训的进程。

评估师对学徒的授课、指导、考核、评估和积极反馈等都促进产生新型师生关系。学徒在进入企业轮岗实习期间，每个学习单元的进行顺序、每周或每月的双方见面安排、双方的具体沟通方式（面谈／电子邮件／短信／电话等）、教师取证及学徒提供证据的方式等都应通过教师和学生之间的协商和讨论来确定。

现代学徒制模式下的师徒关系不仅是一种学术指导关系，也是一种情感关系和人格关系，它可以激励学生继承和发扬导师的治学态度和科学精神，有利于学生对知识和科学的追求与探索，有利于学生在实践中进行知识和技能的学习，有利于学生充分发挥自己的潜能和创造力。

上海市现代流通学校　王建勇

3. 案例：数据分析小能手的成长

数据分析小能手的成长①
——物流服务与管理专业试点班数学教学改革的探索

一、背景与主题

中职学校的培养目标就是培养具有综合职业能力，能够在生产、服务一线工作的高素质劳动者和技能型人才。中职学校数学教学的主要目的是提升学生数学素养，服务于学生专业学习。培养学生利用所学的数学知识来解决生活和工作中所遇到问题的能力。但是，当前中职学校的数学教学现状往往不能适应人才培养的要求。主要表现在：教学内容重在传统的数学知识体系，忽视了数学与实际生活、数学与相关专业的相互联系；教学过程偏重知识灌输，轻视对学生数学实践应用能力的培养。部分数学教师缺乏对学生所学专业知识的了解，因而很难主动地将数学内容与专业实践结合起来。由此，中职学生对数学的应用认识不足，往往持有“数学无用论”，或者认为数学就是“计算和逻辑证明”。加之中职学生学习基础普遍薄弱，觉得学数学太难，以致对

① 此篇文章发表于《对接国际先进水平　提升人才培养质量——上海市职业教育国际水平专业教学标准试点实施案例》（华东师范大学出版社）。在收录入本书时对文章内容进行了局部修改。

数学提不起兴趣，很多学生甚至放弃了数学学习，最终影响了将来的社会工作能力。

近年来，各国都推出了数学课程改革的举措，注重培养学生运用数学解决实际问题的能力，体现了强调数学实践和综合运用的趋势。我校在上海市教育委员会（简称市教委）领导下，积极开展国际水平专业教学标准试点工作，学习借鉴英国现代学徒制经验。在英国现代学徒制框架中，有三个基础能力不可或缺，其中之一就是数学应用能力。在学生数学应用能力培养策略上，教师通过训练评估学生三个数学相关过程技能，包括描述（选择收集现实实践中的信息和数据来呈现数学问题）、计算和分析（使用数学方法来处理和分析数据）与解读结果及呈现发现，以此来培养学生运用数学解决现实问题的能力。因此，在学校试点实施中，我们结合自己的实际，特别尝试了英国现代学徒制的有关做法，探索中等职业学校的数学教学改革。

二、过程与结果

故事 1

课堂上，沈老师给学生布置了作业，要求学生在进入物流企业实践期间，从企业中收集一些数据并对数据进行分析。

下课后，学生小雪一筹莫展地来到办公室："沈老师，我从来没有做过这样的数学作业，不知道我在企业里可以收集哪些数据？"

沈老师说："在物流企业运营中，每天都会产生很多的物流数据。如在仓库操作中，每天需要计算进出场的大卡车的数量，仓库人员要盘点库存数量，收货人员需要核对入库货物的数量，还有每天安排配送车辆的方向和数量等。你在企业中的实习岗位是客服，想一想，你在工作中会接触到哪些数据？"

小雪眼前一亮，说："每天客服人员都会按照单据信息，在系统中输入客户货物的出入库货量。"

沈老师说："非常好，你可以收集客户每天出入库货量来进行分析。注意要收集足够用于分析的数据量，至少收集 2 周、20 组的数据。你知道可以从哪里获得这些数据吗？"

小雪说："我可以翻阅客户每天的出入库单据，从那儿获得数据；也可以从公司物流系统中导出相关数据，这样应该更容易些。"

沈老师说："很好，你收集好数据后，就可以运用数据运算来分析数据了。相信你可以很好地完成作业。”

这是我们尝试数学教学改革实践中发生的一幕。

在教学过程中，教师将数学应用能力学习手册（以下简称“手册”）发给学生，学生根据手册内容主动完成数学作业。手册中的主要内容包括：数据的收集方法、数据的整理、数据的计算、使用图表进行数据分析、根据数据分析找出规律和提出建议等。

首先，学生需要了解实习工作场所中会产生哪些数据，描述使用哪种方法收集数据，提供获取数据的原始资料，确保数据是真实可靠的，而非随意编造的。接着，学生要学会对数据进行整理归类，可以使用统计表编制收集的证据。比如：某学生从实习单位系统中导出A客户在两周内货物出入库所有订单的信息，她在Excel表格中将数据进行了汇总整理，得到了两周内A客户每日入库和出库的总货量，并制作了相应的统计表（见表4–6）。

表4–6　　A客户出入库货量统计　　单位：箱

日期	货物方向	周一	周二	周三	周四	周五	周六
第一周（2014/10/27）	入库	34092	65883	43380	46340	35653	49106
	出库	66936	64473	30615	44371	26088	46051
日期	货物方向	周一	周二	周三	周四	周五	周六
第二周（2014/11/3）	入库	10107	59435	34711	11731	52230	45009
	出库	38244	31350	50782	21479	13362	32848
合计		149379	221141	159488	123921	127333	173014

制作好统计表后，学生根据收集到的数据，计算每一个类别数据的平均值、最大值、最小值、范围、百分比、比率等，对计算出的结果进行简单分析，找出数据变化是否存在规律。学生需要制作图表（如折线图、直方图、饼状图等）来更直观地表达数据，揭示数据的规律和趋势，并为企业工作提出建议或改进意见。

教师在教学过程中，更多的是扮演指导者和支持者的角色，鼓励学生探索知识，激发学生的学习兴趣，增强工作自信，实现学生数学应用能力的提升。学生在自主学习的过程中，随时可以寻求教师的帮助，教师会根据每个学生学习的情况和问题进行指导，比如学生需要与教师一起讨论在实习企业收集数据的计划和方法。

故事 2

小雪在练习过程中遇到了问题，她拿着她做的作业来找沈老师。

小雪："沈老师，我已经完成了数据的采集和整理，也做完了运算，这是我用数据做的图表（见图 4-10），我不知道怎么分析数据的趋势。"

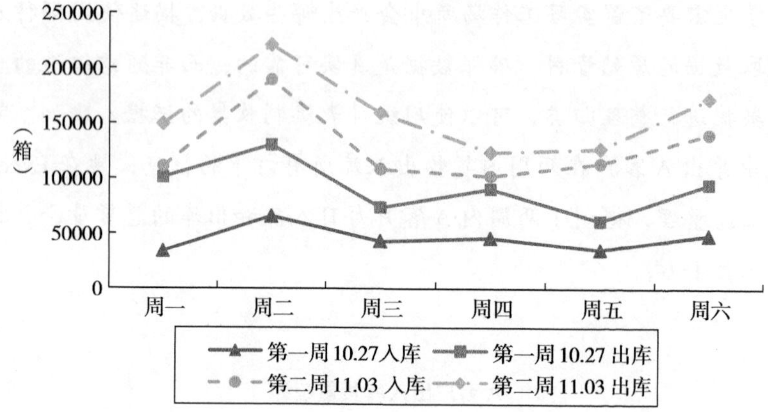

图 4–10 A 客户出入库货量折线

沈老师说："你做得很好，已经收集了很多有用的数据。我们接下来要看看折线图是如何表达你的数据的。你仔细看一看折线图有没有凸显出任何趋势或规律，比如哪一天的进货量最高或者哪一天进货量最低？"

小雪仔细看了看折线图，答道："我能从折线图中看出第一周入库货量最高点是 65883 箱，最少是 10107 箱。折线图显示客户的货量在这两周内变化很大。对于入库货物，货量在周一比较少，周二货量达到顶峰，然后周三、周四货量又下降了。"

沈老师说："很好，你找到了数据的趋势，当然我们现在收集的数据比较少，只有两周，如果我们再多收集点数据，会发现每周出入库的货量都是一样的规律，你可不可以利用这些规律来改善你的日常工作？"

小雪："当然可以，比如周二出入库货量大，周二仓库比较繁忙，所以我们应该在周二配备更多的员工和设备来完成货物的装卸。"

沈老师说："很好，在表格中你还有一些需要改进的地方。你需要添加数据的标题，还需要增加'*X*'和'*Y*'轴的标题来表示它们代表什么。你还可以试试使用其他图表，如用柱状图来表示数据。接着再仔细看一下，能不能再找到一些规律和提出对应建议。"

小雪："好的，老师，我明白了。我回去把作业再修改一下。谢谢老师！"

沈老师："好，我想再问你一个问题，通过这次作业，你觉得学到了哪些知识？"

小雪："我知道了怎么在企业中收集数据，对数据分析方法也有了一定的了解，知道了怎么运用图表来表达数据的趋势，也知道了怎么去解读数据的规律。我想这些知识对我今后的工作很有帮助。"

在学生完成数学应用能力学习手册作业的过程中，过程性评价需要贯彻始终。学生的学习分为收集数据、整理数据、数据计算和数据分析四个不同阶段。在不同的学习阶段，教师需要检查学生作业完成情况，并给予学生建设性的反馈意见，鼓励和支持学生更好地完成作业。同时，过程性评价也能帮助教师掌握学生的学习进度，根据学生的学习情况调整教学内容。

在学生完成数学应用能力学习手册作业后，教师使用教学评价（见表 4–7）来对学生进行总结性评价。教学评价表不是通过打分的形式来评价学生的作业成绩，而是教师只要确认学生提交的作业内容已满足每条评价要求，就意味着学生具备了基本数据分析应用能力，本次作业通过。

表 4–7　　教学评价

评价要求	对应作业	教师评语
1. 描述数据 （1）能从至少一个实际问题或任务中，确认或描述其包含的数据和信息； （2）与恰当的人（老师、同学或师傅）确认你获取数据的方法，包括制作计划描述你如何获取所需信息； （3）能从各种渠道收集完成任务的相关数据和资料。学生必须明确收集的数据符合任务目标（比如提供原始数据的副本、获取数据的方法，取得数据或资料的记录）		
2. 计算数据 （1）能整理编制收集的数据； （2）掌握数据统计方法（包括总和、平均值、最大值、最小值、范围、百分比、比率等）； （3）掌握计算的目的，检查计算结果		
3. 解读结果和呈现发现 （1）使用两种不同的方式（包括表格或图表）来表达数据，能解释其适用性； （2）能解释和阐述结果和发现。能解释计算的结果，揭示发现的规律，并提出解决问题 / 完成任务的建议或者改进措施		

三、反思与启示

数学在中职教育中起着重要的作用。学习数学知识和数学应用能够培养学生的抽象思维能力。抽象思维能力是人们通过对客观现象的观察、对比和分析，并在此基础上概括出事物的本质特征，舍弃其他非本质属性的一种能力。培养学生的抽象思维能力，能使学生思维清晰，使其从复杂的现象中，抓住主要矛盾和事物的本质，为实际工作中遇到的问题提出有效解决的方法。置身于国际水平专业教学标准试点背景下的中职数学教学改革，借鉴英国先进经验，着重于对学生数学应用能力的培养，把数学教学与职业生活密切联系起来，从传统课堂学习转移到工作场所，引领学生在实践中学习。利用学生参与企业实习的机会，布置数学作业，让学生以自身原有的知识与经验为基础，主动去发现、整理和分析信息，解决数学问题。通过改革教学内容与方式，学生能意识到数学应用于实际工作中的重要意义，因而端正了学习态度，提高了学习兴趣，主动探索学习，并在学习过程中有效提高了个人思维能力、应用能力和分析能力。在整个教学过程中，教师起到从旁指导的作用，鼓励学生自主学习，帮助学生发现错误、改正错误，促进学生自我发展，为他们今后的学习和工作做好准备。

在本次数学教学改革中，数学知识不只停留在教材上，而是实实在在地融入企业实践中，如学生做作业需要计算分析的数据是直接从企业实际生产中获取的。虽然这些数学知识并不深奥，只要求学生掌握数学基本的运算，远远没有达到以往课堂理论教学的难度和深度，但更多地强调了学生对获取数据、分析数据、找出规律和提出改进建议的方法的掌握与实际能力的提升。对数学素养的培养，是以往课堂教学中所欠缺的，但却是企业所需要的。物流专业人才的培养需要数学知识、方法与思维的支持，物流管理人才需要分析公司产生的各类物流信息，解读分析数据趋势，找出企业内部物流问题的关键所在，提出优化措施和技术减少物流成本，避免人力、物力资源的浪费，从而提高服务质量和企业效率。职业教育教学改革就要紧密结合企业的需求和生产的实际，使学生能够适应社会发展和工作的需要。

上海市现代流通学校　沈昕

4. 论文：以学生发展为本，面向全体学生的教学活动

以学生发展为本，面向全体学生的教学活动
——我校中英高级学徒教学模式

2014 年 9 月至 2015 年 6 月，我校的中英高级学徒制试点教育项目，完全按照英国高级学徒制教学模式和教学标准实施。其中包括教学方法、教学理念、课程设置、校企合作等方面内容，不仅可以应用于以后本土化的学徒制教学活动中，而且也可以在课堂教学中吸取其有价值的方法、理念，以适应当前职业教育发展的需求，中英高级学徒制的主要特点体现在以下两个方面。

（1）注重理论知识与实践相结合，注重岗位的职业技能和职业能力的培养。

按照英国的教学计划和评估标准，教师每周应去企业对学生进行职业技能的评估和取证。按照英国的评估标准，评估的内容包括以下三部分：

①对理论知识的学习，包含对职业领域与主题的理解（在企业现场评估）；

②工作能力的评估，包含对学徒生是否能胜任核心工作内容的评估鉴定（在企业现场评估）；

③基础技能的学习，包含《语言（英语）》,《数学》以及《信息技术》等基础领域的技能学习（学生已经在校学过，在企业实习期间评估）。

从英国的评估标准来看，绝大多数的问题都涉及职业技能，可见英国注重职业技能和职业能力的评估，可以通过各种评估方法来检验学生理解知识、掌握各种职业技能和能力的程度；而不是让学生死记硬背书本的理论知识，这与国内职业资格证书考证的教学方法有很大的不同。如果评估师是采用提问或者专业讨论的方法评估取证的话，则大多数问题是要求学生通过口头表达的，一般采用录音或者录像的方法，从而可以提高学生的注意力，锻炼积极思维，使其认真思考和回答问题。也有利于培养学生的口头表达能力和快速的思维能力，口头表达能力提高了，与人的沟通能力自然也会提高，这是一种科学的培养学生的口头表达能力和沟通能力的方法，对学生的职业能力的提高有很大的帮助。学生可以结合已经实践过的工作来回答和讨论有关单元的问题，尽管有些问题带有一定理论性，但是通过学生亲身的实践和体验，某些理论性的问题也变得容易理解了，从而降低了理论性的难度，提高了学生学习的热情和参与热情，减少了学生的厌学情绪。

我国人力资源和社会保障部《国家技能振兴战略》把人的职业能力分成三个层次：

① 职业特定能力，只适用于本工作岗位，适应面很窄；

② 行业通用能力，是以社会各大类行业为基础，从一般的职业活动中抽象出来的可以通用的基本能力，它的适应面比较宽；

③ 职业核心能力，是从所有的职业活动中抽象出来的一种最基本的能力，可以适用于所有行业的所有职业，是伴随人终身的可持续发展的能力。

如何培养学徒生具有“与人合作”“与人沟通”“信息处理”“数字应用（计算）”“解决问题”“自我提高”“创新”“外语应用”等职业通用能力和职业核心能力，是发达国家职业教育、就业培训的热点，成为世界职业教育、人力资源开发的发展趋势。可见，专业能力（专业技能）只占职业能力中的一部分，而行业通用能力及和职业核心能力在职业能力中占了大部分，当然不同的职业岗位也有所不同，有所侧重点，对技能要求高的，通常称为有一技之长，能工巧匠，职业技能一块占的比重就大。对于第三产业而言，相对的行业通用能力及和职业核心能力的作用就更大些。物流业属于服务业，我们在重视培养学生的职业技能的同时，更应该关注培养学生的行业通用能力以及职业核心能力，这点往往没有引起广泛的重视，之前往往强调的是培养学生的专业技能，因此需要进行课程的改革、教学方法的改革和教学理念的更新。在中英高级学徒制的教学过程中，开始我在思考为什么许多问题都是让学生口头表述，而不是像我们直接写在答题纸或作业本上，然后交给老师批阅。有一次，我的评估师 Alex 来评估我，他采用观察法，观察我是如何对我的学生进行评估的，全程录像（这个录像也是 Alex 收集的证据），其中有一个题目：“让学生设想一下，如果在仓库里发生紧急情况时，如何应对？并考虑其应急计划。”我给了学生 10 分钟，先让他在纸上写出相应的“应急计划”，等他写好后，我请学生把写好的应急计划朗读一下，然后我做了相应的点评。Alex 事后告诉我，他在用观察法注意我，学生写好后是否有点评，是否让他口头表达，他表示我做得很正确，让学生口头表述是正规的（Formal）程序，写是非正规的（Informal）程序，但是可以使用。经过半年左右的时间，突然发现我的学生“口才”好了，口头表达能力强了，其中一位很普通的学生周贤君表现尤为突出，从以前不善于表达、不爱学习到善于表达、积极主动参与评估过程，每次去评估，常常提出自己的想法，请教如何取证，认真回答和讨论问题，这与以前相比，由于教学模式的改变，激发了学生的学习热情和参与热情。这很值得我们教育工作者反思，同样一个学生，为什么不同的教育方式，会有不同的结果。

（2）合理地把过程性评价和终结性评价相结合，注重过程性评价

在中英高级学徒制的教学过程中，英国评估师（内审员）每三个月来上海进行一

次过程性评价，最后外审员是进行终结性评价。整个学徒制项目学习的过程以及教师每周去企业的评估活动都体现了过程性评价。每个单元、每个阶段的学习评价，对已经取得的成绩以及还存在的问题和不足以口头或书面形式反馈（Feedback）给学生。对于学生错误或者不足之处，要求学生重新思考，重新去完成。对于学生有困难的问题，教师给予启发和指导，如重做作业中的某些不完善的问题，下周再重新对某些问题进行评估，直至达到评估标准，按照正确的答案评价，侧重最后的、最好的结果评价，而不是去追究学生回答错了几个问题，哪几个问题回答不完善，扣掉多少分数。要确确实实地去帮助和鼓励每个学生在整个学徒制学习过程中取得进步，取得成绩。以人为本，以学生发展为本，人性化包括教会学生如何工作，如何做人，这也是中英高级学徒制教学项目的特色之一，也体现了英国学徒制教学注重于过程性评价，旨在帮助每个学生取得进步，面向全体学徒教学，而不是培养精英式的教学模式，不是“一纸定论”“一考定论”“死记硬背理论知识”的评价模式。

从整个学徒制的教学过程中，我确实看到了我们的学生进步了，学生实实在在地学到了各个岗位的物流实操技能，可以独立地完成各个岗位的日常工作流程。学生不仅学会了职业技能，而且也学会了做人和做事，比如与人交往能力、与客户沟通能力、处理问题的能力、做事认真仔细、有责任心、信息处理能力、遵守企业的各项规章制度等，学生比刚开始实习时有了显著的提高和进步，在一年多时间里，有学生已经被提拔为主管，这些能力中，除了各岗位的职业技能外（作业流程），许多还体现在行业的通用能力和职业核心能力方面。这些能力的培养在我们的职业教育中还是弱项，还需要不断地探索和改革。在中英高级学徒制教学中，我有机会做了尝试和实践，这对自己的职业教育的教育方法和教育理念也有很大的帮助和提高，也是我的一个很大的收获之一。收获之二：学生是可以调教的，是会进步的，关键是教育方法，包括课程设置，评估方法的改革，这是一个系统工程。

每次作业都给予学生反馈信息（口头或书面），好的给予表扬，不足的指出，以鼓励为主，充分发挥学生的学习热情和主动性，后来发现学生很在乎反馈，通过鼓励和表扬，学生的学习热情提高了，每次去，都希望听到我的好评，在作业和每周的评估取证中，都会积极地参与。关于如何使学生做解决问题的参与人，我会要求他们准备好下一周评估的内容，而且考虑一下评估的方法和工作场所，因为学生对公司的具体操作流程和场地比我更熟悉，更了解。所以让学生带着这些思考题，在一周时间里去关注和思考。我每周去评估的时候，他们会主动地提出建议，如针对某个取证采取什么方法，到什么现场去取证提出自己的建议，然后教师和学生共同讨论最佳评估方案，教师点评学生提出的评估方案，这样也培养了学生思考问题和解决问题的能力，而不是单纯地由教师考虑。该方法充分发挥了学生的主动性，在教学中发挥了学生的主体作用，也满足了学生的需求（这是英国学徒制评估要求之一）。达到了学徒制教学的真正目的：是由学生为主体的、积极参与的评估和取证活动。

参与中英高级学徒制试点项目有更多的机会可以熟悉企业的先进的科技成果应用，了解行业发展趋势，这对提升教师的专业知识和职业技能起到了促进作用。作为评估师和专业教师，更应该要了解和熟悉专业知识、职业技能，这样才能更好地帮助学生掌握专业知识和专业技能。

（五）上海市职业教育在线新闻汇编

上海市现代流通学校开展现代学徒制试点获新进展

上海市现代流通学校校长李建成、副校长周云斌，7 月 17—18 日在京参加了“中英职业教育现代学徒制暨现代职业教育体系研讨交流会”。此次会议由教育部职业教育与成人教育司，教育部国际合作与交流司，英国商务、创新与技能部，英国总领事馆文化教育处联合主办，参加会议的人员分别来自教育部职业教育与成人教育司、教育

部国际合作与交流司、英国总领事馆文化教育处、中国物流与采购联合会、英国物流行业协会、教育部职业技术教育中心研究所、中国职业教育学会、中英部分研究机构、部分拟开展现代学徒制试点地区教育行政机构和院校。

17 日上午举行全体会议，教育部职业教育与成人教育司刘建同副司长和英国总领事馆文化教育处官员分别致辞，英方专家苏珊·詹姆斯（Susan James）做了题为“英国现代学徒制政策法规、成功原因”的讲座，中方专家刘育锋、苑大勇分别做了题为“中国现代学徒制的背景与现状”“构建现代职业教育体系的地区实验”的讲座。17 日下午分组会议。第一小组的内容是汽车专业现代学徒制案例分享和物流专业现代学徒制案例分享。在第二小组的会议中，英国物流行业协会布莱恩·苏卡拉（Brian Szukala）、英国 Real 学徒制公司黛比·桑德利（Debbie Shandley）结合案例详细介绍了英国物流行业现代学徒制开展的情况，招商局物流集团北京分公司王荣介绍了公司和北京信息职业技术学院合作开展现代学徒制试点的案例，中英合资企业上海安吉汽车零部件物流有限公司蒋启亮介绍了试点现代学徒制面临的问题与挑战。

18 日上午教育部刘宏杰处长介绍了中国试点现代学徒制的项目目标之后继续分组会议。英国物流行业协会 Brian Szukala、英国 Real 学徒制公司 Debbie Shandley、上海安吉汽车零部件物流有限公司蒋启亮、上海市教委职教处宋磊、上海市现代流通学校李建成和周云斌以及英国总领事馆文化教育处、中国物流与采购联合会、部分研究机构企业院校的代表参加了第二小组的会议。在第二小组的会议中，就上海市现代流通学校进行“现代学徒制试点项目”的有关工作进行头脑风暴。与会人员各抒己见，在上海市现代流通学校试点现代学徒制项目的总体目标、主要任务、关键环节、时间进程、监控体系、保障措施、验收成果等方面形成共识并报上级有关部门。通过头脑风暴和具体磋商，上海市现代流通学校和英国物流行业协会、英国 Real 学徒制公司、上海安吉汽车零部件物流有限公司就试点现代学徒制项目进一步建立了联系。

2013 年 4 月，由中国物流与采购联合会、全国物流职业教育教学指导委员会、英国文化协会、英国物流技能协会签署的中英物流职业教育合作备忘录中就已确定上海市现代流通学校为“现代学徒制”试点学校，此次会议为上海市现代流通学校开展现代学徒制试点起到了巨大的促进作用。

拓展国际视野，学习现代学徒制理念
——现代学徒制项目赴英国学习考察小记

2014 年 1 月 18—25 日，由中国物流与采购联合会、英国文化协会联合组团，率领由上海、湖南两地中高职职业院校、物流企业专家、教师等 15 人组成代表团赴英国有关培训机构、企业进行考察。学校物流教研部张宏主任、彭宏春老师和沈昕老师有幸参加了本次为期一周的考察活动。通过这次考察，教师们全面了解了英国现代学徒制的基本理念、组织、运行机制、基本模式、课程内容、评估形式和质量监控等，受益匪浅，为在上海有序推进现代学徒制试点工作指明方向，并与英方专家 Debbie 女士就进一步落实后续实施行动方案进行了深入研讨。

代表团前两天的课程都安排在英国瑞尔公司，Debbie 女士和她的培训团队为各位代表团成员介绍现代学徒制发展，实施流程，评估员的作用，质量监控等内容。英国职业能力标准三级学徒的培训过程为两年，基本流程为：招聘新学徒—新学徒认识企业和了解学徒制项目内容—学徒能力测试与学习计划制订—实施培训计划—评估师通过现场观察、录像、查验学生，不断积累学徒档案—培训过程中，相关审核员审核—培训结束。

在代表团成员大概了解了现代学徒制的概况后，英国瑞尔公司的 David 先生和 Brian 先生为大家详细介绍了每个阶段的具体实施情况和要求。给代表团成员印象最深的就是两位评估师角色扮演，现场演示如何通过面试了解参与学徒的知识和能力水平，帮助学生制订个性化学习计划。通过学习戴领带的互动游戏，Brian 先生使所有代表团成员更生动地了解了英国学徒制学习都是以学生为本、以能力为导向的教学方式。

除了课堂学习，代表团还实地参观了几家企业和培训机构，包括英国 Sainsbury’s 公司位于北安普顿的分拨中心、世界最大的颁证机构 PEARSON（培生集团）在考文垂的分支机构、捷豹路虎汽车有限公司培训中心等，了解不同企业所采用的学徒制模式，企业参与现代学徒制项目的原因和成果，学徒招聘和培训过程，质量监控实施过程，参与培训学徒对参与学徒制的感受等内容。在 BEST WAY 公司，代表团成员现场观摩评估员是如何对学徒进行评估考察的，完全不同于国内“一考定终身”，评估员每个月至少需要到达一次学徒工作现场，通过观察学徒在实际工作中表现来确认学徒是否掌握了国家职业标准对应单位的知识点。如评估员通过聆听学徒与同事的工作对话，来确认学徒是否学会了与人沟通协调的能力，评估员通过录音、录像等方式将对话保存下来，作为对学徒考核的档案。通过与评估员老师的交流，代表团成员们深刻感受到英国评估师团队的专业水平，还有他们的敬业和奉献精神，优秀评估员教师在英国每周需要驾驶 3000 英里（近 5000 千米）去拜访学徒，24 小时不关手机，随时教学、指导和支持自己的学徒不断学习和突破自己。每家参与学徒制的企业都会有一面宣传墙，墙上挂满了学徒们完成学徒制，拿到证书后的照片，照片上每个学徒脸上都洋溢着自信的微笑。

短短一周的现代学徒制考察，紧张充实，代表团教师们纷纷表示要吸取英国先进的经验，与我国现有的国情相结合，开拓创新，保障现代学徒制试点工作在国内的顺利实施。

现代学徒制　师生共努力
——学徒制班级任课老师教研活动

2 月 28 日下午，教导事务部王彦文主任和物流教研部张宏主任组织学徒制班级 (12310 班) 的任课老师开展教研活动、交流开学两周以来学徒制班级的上课情况。

王彦文主任指出学校要加强现代学徒制试点工作的进程，学徒制班级的任课老师需要多交流，共同探讨学生学习中存在问题及解决办法。张宏主任简单介绍了中物联引进的学徒制人才培养模式，以及学校物流教研部的三位老师利用寒假的时间赴英国学习交流的情况，带回了英国的学徒制教学大纲，与学校目前使用的教学大纲进行比对修订，并与上海顶通物流有限公司合作共同实施学徒制试点项目。

在本学期学徒制班级的课程设置中要重点加强信息技术课程和职业安全健康课程的授课内容，与英国学徒制的标准接轨。同时，要加强学生英语口语的练习，任课教师需要深入浅出。循序渐进将英国学徒制的内容融入课程中，通过情境教育让学生能用英语进行日常交流。

同时，学校的学徒制班级在本学期还要完成仓库保管员 (四级) 和叉车的考证课程，再到上海顶通物流有限公司进行实习。实习带教教师需要全过程跟踪学生的学习情况。

现代学徒制——一个新模式

中英学徒制是英国人才培养的一种模式，我校经过与英国学校的试点最终决定将此方案引入我们学校。国家总理李克强也在近期指出要部署加快发展现代职业教育，提出要推广学徒制这个项目。学校为了进一步提高学生的自身能力，让同学们能快速地从学校走向社会这样一个“大舞台”，与英国进行了试点工作，学校的教师在英国考察时意外发现他们企业的技能培训和我们国家的方式有很大的区别，因此决定学习这种好的方式并且能够完整地带回国内。我国目前正是劳动力紧缺的时代，英国这种培训能够改善国家的这种现状，学校也非常重视这一试点工作。也因如此王彦文主任指出我校要加强现代学徒制试点工作的进程，学徒制班级的任课教师需要多交流，共同探讨学生学习中存在问题及解决办法。

试点班学生人数 30 人左右。两年学徒制，第一年，完全按照英国职业技能标准来完成，由英国的职业资格认证机构认证并颁发证书；第二年，按照制定的职业标准，结合中国特色职业技能，融入英国标准培养学生。

现代学徒制——老师们的看法

我们学校是第一家试点的学校，在众多学校之中能选上我们学校对我们来说是很大的荣幸，我相信学校的老师们也对此极为重视，都会夜以继日地去完成各项指标。有了这么一个好的开端我相信结局也一定是非常完美的。特此我们的小记者团也带着一些疑问去采访了一些相关的负责老师，想请他们来解答我们心中的疑问。

这次我们采访的是三位物流教研部的三位相关负责老师，他们分别是：物流教研部张宏老师，彭宏春老师以及沈昕老师。在发表对于这个培训开展的看法时，三位老师都对此方案表示认可，非常推行学徒制。其主要原因就是让学生能够早日踏上社会，开拓视野，增强自己的实践能力；再者是正好有了这么一个学习机会，对于学生来说这种教学方式和我们之前的不太一样，简单地说就是能在工作中学习，考核也是在工作中进行考核。这何尝不是一箭双雕的好办法？这个教学模式想要在国内流通，需要多方面的支持，需要政府、学校和单证机构的配合。今年的国务院会议里也提到了中英学徒制，中英学徒制的全名叫作中英现代学徒制。这是一种人才的培养模式。以后到企业里都是作为主管来培养，并不是操作人员。这与我们其他学生下企业是不一样的。

沈昕老师之前也去英国考察过，我们在与老师的闲聊中知道了一件有趣的事：在老师们去参观每个企业时都能发现一面特殊的墙，它与其他的墙不同，上面贴满了学徒制学员的照片，他们的手里都拿着自己的证书，而且每一位的学员都要与领导和老师合影。英国学徒制就是以这样的方式去激励每一位的学员去努力地完成他们的学徒制内容。这一面墙不仅仅是贴满了照片的墙，而是所有学徒制学员他们共同的目标。这样的激励方式与传统的老师们一遍遍地督促所达到的效果肯定是不同的，这样的激励更能体现出其中的作用。

现代学体制——学生们的心声

在学习方面主要划分为两个部分：校内课程和企业课程。不仅要取得英国的证书还要得到国内的认可，相比之前的学习必然是有些困难。但在学习进度方面或许由于班级刚刚成立不久也或许因为学生们都是通过选拔的，目前都能跟上老师们的进度。这半学期主要还是为国内的考证知识在做准备，下学期将正式进入英国的学习中。

同样带着一些疑问我们去了这个班级——12310。当我们采访两位刚进入这个班级的学生时，他们一开始有一丝丝的紧张，但随着我们的提问他们很快地进入了状态。这两位同学大致是这么讲的：当他们得知学校创办了这样一个班级时心里有很多疑问，这是一个什么样的班级？当进入了这个班级后需要做什么？这样的班级与以往的班级有什么区别？他们心中带着这些疑问经过了一重一重的考核进入了班级后内心有了答案。他们对我们说这样的班级的的确确是他们心目中理想的一个环境，在这里能够学到更多在书本上没有的知识，并且可以去企业实践，有师傅手把手地教导如何去做，做到精益求精。在他们眼中我们看到了他们心中的坚定和对未来的憧憬，我们也希望他们能在这个班级中再接再厉，能够实现自己当初定下的目标。

现代学徒制——与现今的教育大有不同

西方是讲成长，是以裸塑的质量主义为基础，按照效仿自然的法则，按照受教育者的兴趣、志愿、选择，自然地生长，不受外界的干预。英国采用过程制考核，与中国不同的是他们把考核的内容分成一个个部分，只有一个部分通过了才可以进行下一个考核。假设这一次的考核不通过，老师将会帮助你补习直到通过考核；而中国却是把所有内容归于一次大考试，最终成绩下来通过就是通过，不通过依旧是不通过。由此可以看出其中的不同还是相当明显的。

现代学徒制——我们的信念

中英学徒制就是一种人才的培训，通过我们学校的试点，学生从原来单纯的学校走向社会。中英学徒制这个项目其实是英国通过我们试点，我们学校也荣幸地成为全国第一家试点中英学徒制的学校。李克强总理在国务院常务会议中提出建立学分积累和转换制度，打通从中职、专科、本科到研究生的上升通道。

最后我们坚信这样一个好的模式引入我们学校将是一个良好的开端，同学们的满腔热情，老师们的坚持不懈，一定能为将来打好基础，更上一层楼！

四方联动 现代学徒制落地实施 同建共赢 中职物流业先试先行
——中英现代学徒制交流会在中职师资教育基地举行

支持校企合作、工学结合，强化教学、学习、实训相融合的教育教学活动。推行项目教学、案例教学、工作过程导向教学等教学模式。积极推进学历证书和职业资格证书“双证书”制度。开展校企联合招生、联合培养的现代学徒制试点，完善支持政策，推进校企一体化育人。

积极参与制定职业教育国际标准，开发与国际先进标准对接的专业标准和课程体系。

——《国务院关于加快发展现代职业教育的决定》(国发〔2014〕19号)

中国的职业教育正面临着大机遇、大改革，上海走在了这方面的前列，已陆续制定出52个与国际接轨的专业水平课程标准，并由华东师范大学出版社相继出版；制定课程标准的最终目的是尝试与国际衔接，并进一步加强学生适应社会、适应企业、适应行业的能力，因此，将国际水平专业标准落地实施、应用于在校学生身上，并最终展现成果才是国际水平专业标准制定与实施的最大意义所在。

那么，如何将国际水平专业标准落地实施？如何探索出一条借鉴国外优秀职教模式又结合中国国情的现代职教新路？在中等职业教育师资培训基地召开的中英现代学徒制交流会或许会给我们不少启示。

上海市现代流通学校是上海中职国际水平专业标准之一——物流仓储专业标准的制定者。学校在国际水平专业标准的制定与实施中借鉴了英国现代学徒制的模式，并获得合作企业——上海顶通物流有限公司（以下简称顶通物流）的认同与支持；在中物联、英国总领事馆文化教育处、职业培训机构英国瑞尔公司的帮助指导下，历经两年，第一批20名学生已于2014年8月27日进入实习企业（顶通物流）开始为期一年的带教实习。在这一年中，学员们将在企业设计的三大岗位工种（仓储、配送、客服）中轮换，并最终确定适合自己的岗位；这其中，他们更要经历平均每三周进行一次的测试考核，并将相关视频资料、测试结果随时传送至英国，在具有丰富学徒制培训经验的英国瑞尔公司全程指导和评估下，最终获得相应的英国职业资格认证（三级证书，即初级管理人员）；随着今后中国职业教育越来越现代化、规范化、多元化，最终将实现职业资格认证体系与学历教育的相互融通，使通过职业资格认证的学员不仅获得职业资格证书，更能获得相应学历证书。

上海市现代流通学校的中英合作现代学徒制实施工作可谓先行先试，是国际水平专业实施过程中迈出的重要的、敢为人先的一步。现代学徒制实施工作的开展也得到了上海市教育委员会（简称上海市教委）的高度重视，8月28日专门邀请此次中英现代学徒制参与的各方——上海市现代流通学校（学校）、顶通物流（企业）、英国瑞尔公司（英方培训机构）、英国总领事馆文化教育处、中物联（行业协会）等向全市12所第一、第二批国际水平专业标准实施学校进行交流发言。上海市教育委员会职教处处长劳晓芸、副处长戴小芙亲临现场指导，中国物流与采购联合会秘书长郭肇明专程由北京赶来参会，英国驻上海总领事馆文化教育处教育合作发展主任王海军、英国瑞尔公司CEO、英国现代学徒制专家Debbie女士、顶通物流总经理张钦楷、上海市现代流通学校校长李建成分别代表英国驻上海总领事馆、英方培训机构、合作企业、实施学校等做了交流发言和汇报。

英国驻上海总领事馆文化教育处教育合作发展主任王海军首先发言。他将现代学徒制概括为“带有培训的一份工作”；现代学徒制的模式好似一幢房子，中间最重要的房梁是“执行能力”，其他支撑结构分别为“知识技能（英语、IT、数学等）”“技术技能”“权力及责任”等；除了明确具体的结构，现代学徒制的灵活性也非常突出，体现在可适用于中高级不同学徒层次、将企业价值观植入、针对每个人不同的学习计划、时间分配更为灵活等方面；现代学徒制的另一要素是评估的严谨性，考核方式的丰富性和评估团队的多元化构建起了完善的质量保证体系。同时，他也对英国模式的现代学徒制本土化提出了一系列建议，这需要包括政府、教育部门、行业协会的共同努力。

上海市现代流通学校校长李建成在发言中主要阐述了学校在实施过程中的作为及中英学徒制在职业教育改革中带给我们的一些启示。李校长说现代学徒制主要有五个方面的特点：建立在英国国家专业标准基础之上；以企业为主体、政府购买教育服务；立体化的考核体系（过程考核）；第三方主导的质量监控体系；职业资格认证体系与学历教育认证体系同步交叉。在中英两国政府和行业协会、相关培训机构、企业的大力支持下，此次中英现代学徒制实施经过启动准备阶段，已经步入实施过程阶段，接下去随着项目的完成后续还会进行总结推广。对比中国的职业教育，英国的现代学徒制模式体现了四大"融合"：职业教育培养目标与国家职业标准的融合；以企业为主体，企业与学校的融合；学历教育与职业资格认证的融合；职业素质培养与职业技能培养的融合。今天，时代和社会呼唤职业教育改革，我们应当站在国家发展、社会进步的高度，整体思考、全局谋划，寻找、探索进而创新未来职业教育发展的道路。

英国瑞尔公司 CEO、英国现代学徒制专家 Debbie 女士有着丰富的职业教育和现代学徒制培训经验，曾长期担任英国继续教育学院院长（英国将中职、高职教育统称为继续教育），她为我们详细介绍了以英国模式为基础的现代学徒制的发展情况。在英国，诸如捷豹路虎汽车有限公司等知名企业的员工都必须经过一年以上的现代学徒制的培训，这些知名企业的现代学徒制培训的名额竞争甚至比牛津剑桥的入学考试竞争还要激烈；也正因为现代学徒制推广和实施措施得力，才保证了英国近几年经济和生产力的复苏、稳定。英国对此次中英合作现代学徒制的实施非常重视，已经建立了一个专门的网站，将第一批全部 20 名学员的情况上传、在今后还会陆续将学员的学习进度、考核结果等全部上传，面向公众展示，并制作成应用软件，可供相关学校、企业、教育部门等下载使用。

企业是现代学徒制的根本和核心。此次中英现代学徒制的实施得到了企业合作方——顶通物流的大力支持和积极参与，以盈利和业绩为主要目的的企业为何也对现代学徒制如此感兴趣？顶通物流总经理张钦楷给出了坦率而真诚的回答。顶通物流主要为康师傅产品提供物流服务，在全国有 59 个物流中心和 2100 余名员工，但是长期困扰企业的一个大问题严重阻碍了企业进一步的发展，那就是缺乏高素质、稳定的员工队伍。公司高层决定要通过企业内部培养打造一支稳定、高技能的人才队伍，因此，在与上海市现代流通学校长期成功合作的基础上，此次再次欣然参加了中英现代学徒制的实施。第一批的 20 名学生是“种子”，是推动壮大企业内部培训能力的“基因”，能够降低企业内重要专才的流动率。张总坦言，参与现代学徒制，对于企业而言，资金投入并不多，但是企业内部从中高级管理人员到专业技术人员所投入的精力和人力资源非常多，但这是一个有益的尝试、一个良好的开端，顶通物流将全力支持并将持续参与。

中国物流与采购联合会是中国的物流行业协会，对此次中英现代学徒制的实施起了重要的指导作用。中物联秘书长郭肇明是现代学徒制实施全过程的见证者、亲历者，他表示，物流业开设院校多，从业人员多，行业标准相对健全，这对现代学徒制的实施和开展都是有利的，物流业也急需通过现代学徒制这样的职业教育模式来提高从业人员的职业技术能力。今后，在现代学徒制本土化的过程中，行业协会还将发挥重要作用，中物联将承担起为现代学徒制学员发放职业资格证书的任务（英国三级职业资格证书相当于中国助理物流师职业资格证书）。

职业教育改革的道路任重而道远，但势在必行。上海职业教育（简称上海职教）在国际水平专业标准实施的先试先行方面已经取得了一定的成果，除上海市现代流通学校外，上海还有另外 11 所优秀的中职院校承担了各专业国际水平专业标准的实施试点工作。在此次交流会上，上海市教委职教处处长劳晓芸高度肯定了上海市现代流通学校在借鉴英国现代学徒制进行国际水平专业标准实施中所做的努力和探索，并对 12 所实施试点学校提出了三点要求：国际水平专业标准的试点要把握重点，吸取国外优秀理念的精华；试点还要注意国外模式本土化，结合中国上海的实情、更要结合中职学生的具体情况；实施过程中要注意积累经验、收集资料，边试点边总结，要形成可复制、可推广的经验。

上海职业教育改革的探索已经如火如荼地展开，上海市现代流通学校的现代学徒制试点是一个开端、更是一个标志，它昭示上海职教走向国际、改革探索的步子正越迈越大，相信一年之后上海市现代流通学校与顶通物流合作的现代学徒制第一批 20 名学员将顺利完成学徒制的学习培训，获得英国职业资格三级证书，成为企业所需的高级技能专才；也相信在不久的将来，上海的 12 所国际水平专业标准实施试点院校都将收获成功，上海职教改革的步伐也将向前迈进坚实的一步。

“现代学徒制”离我们不远

2013 年 9 月 27 日上午 9 时，在上海市现代流通学校召开中英合作现代学徒制试点工作研讨会，与会的专家有上海市教委职成教处宋磊博士；英国总领事馆文化教育处王海军经理；中国物流与采购联合会的李俊峰先生；上海安吉汽车零部件物流有限公司（以下简称安吉汽车）的曲俊春经理；上海师范大学教育学院的关晶博士；华东师范大学职成所的涂三广博士；上海市现代流通学校李建成校长、周云斌副校长、物流教研部主任于宝麟老师等。由周云斌副校长主持会议。

上海市现代流通学校张宏老师就试点指导思想、试点实施目标、试点实施任务、组织实施步骤、保障措施、试点教学计划六方面介绍学校起草完成的《中英合作现代学徒制试点实施方案》。接下来，各位与会专家就制订的实施方案各抒己见，进行深入探讨。

基于英国现代学徒制，结合中国实际情况

借鉴英国现代学徒制框架，学习英国现代学徒制管理体系和考核方案，联系中国企业实际情况，结合安吉汽车的培训体系，实施有中国特色的现代学徒制，融入本土，为以后全国推广做准备。

保障英国现代学徒制的实施，区别于学校顶岗实习，校企合作模式

英国现代学徒制与学校现在实行的顶岗实习，校企合作模式的最大不同就是阶段性评价，严格的教学质量管理，注重操作的规范和安全，这些内容必须在实施过程中严格体现。考核地点的创新，理论方面的课程可放在学校考核，实操方面的考核则放在企业实施。

保证英方、学校、企业、行业多方参与，共同制定课程标准

突破现有的校企合作关系，加大行业协会参与度。学校、企业、行业深度融合，共同制订人才培养方案、实施课程、考核方案。

本次会议效果显著，不仅加强了英方、校方、企业和行业的联系，更为学校进一步做好中英合作现代学徒制试点工作指明了方向。学校相信，在各方的努力下，现代学徒制这颗种子，能开出美丽的花朵，结出丰硕的成果。

中英合作现代学徒制试点项目企业实践总结

为顺利在校开展中英合作现代学徒制试点项目，为赴英学习做好企业调研工作，提高项目组教师的专业实践能力，在学校的协调及合作企业顶通物流的安排下，项目组组长张宏老师、组员彭宏春老师和沈昕老师，于2013年12月27日进入顶通物流，进行了为期四天的学习和调研工作。顶通物流是著名的顶新国际集团旗下的大型专业物流公司，并于2004年5月与著名的日本伊藤忠商事株式会社实行战略联盟。顶通物流的主营业务包括货物存储、物流配送、物流加工、代收货款与信息咨询等。顶通物流目前设置华东、华北、华南、西部、东北5家区域公司，管辖71个全资配送中心，分布于全国各省会及重要城市。在全国的物流网络中，以上海、北京、广州、成都、沈阳为核心，覆盖全国各个二、三线城市。

在这几天内，顶通物流为老师精心准备了培训内容，首先由公司资深协理周嘉裕先生为教师们进行顶通物流营运整体运作模式介绍、仓储及配送作业流程介绍；由营业部张琳总监进行顶通物流的业务范围及客户介绍；由人资部方建雄处长介绍企业岗位体系和员工评估考核体系，由营运部刘珍科长介绍企业营管、客服运作；由咨询部叶东科长介绍咨询系统运作；在李莉处长、黄巍科长、李海强处长的带领讲解下，分别实地考察了企业三个不同类型的仓库，体验了企业现场岗位操作。

通过几天的调研，老师们更加深入地了解了企业的业务和需求。经过与企业专家的深入研讨，初步制定了几个适合学生轮岗的岗位：如接单、理单、客服、理货员、跟车员、流通加工等。

这次企业实践，各位老师都是带着中英合作教学试点的任务深入生产一线，切实体会到了企业在技能人才方面的需要和当前职业教育存在的问题。在最后一天的总结会上，企业和学校也共同探讨了一些学校今后在职业教育工作中需要加强的方面，尤其是一些软能力的培养，比如：鼓励学生从现场一线做起，增强学生安全意识教育，学会遵守企业的工作流程，培养抗压能力，提高沟通协调能力等，树立诚实、务实、创新的价值观。

通过此次顶通物流实践，教师们了解了企业的经营业态，完成了实习学生岗位调研的任务，对不同岗位学生所需的知识、技能、素质要求有了深入的了解。同时，通过几个仓库实地考察，教师们直接感受了企业先进的管理理念、严格的管理制度和浓厚企业文化，提升了自身的教育理念和实践教学能力，也为后续学徒制项目考核内容的进一步细化工作打下坚实基础。

探索职业教育新思路　创新现代学徒新试点
——我校参加第六届全国职业院校物流专业教学研讨会

2014 年 11 月 22—24 日，由中国物流与采购联合会、全国物流职业教育教学指导委员会（以下简称物流行指委）主办的第六届全国职业院校物流专业教学研讨会在江西共青城召开。教育部、物流行指委、物流企业、中高职物流及相关专业职业院校的

400余名代表与会。学校校长李建成作为物流行指委副主任委员应邀出席了本次研讨会议。

会上，教育部职成司张磊处长解读了全国职教工作会议精神，并对职业教育形势做了深入分析。物流行指委主任任豪祥以“创新人才培养模式——搭建现代物流职业教育体系”为题，指出物流职业教育将积极推动中、高职物流专业目录与物流产业发展的对接、教学标准与职业标准的对接、教学过程与生产过程的对接、毕业证与职业资格证书的对接、职业教育与终身教育的对接、不同层次物流学历培养目标的对接、国内人才培养工作与国际化人才培养目标的对接以及校企合作的深度对接，以此促进物流职业教育健康发展，并对2015年的物流行指委工作做出了部署。

研讨会第一天，学校校长李建成做了“校企融合 推进现代学徒制试点”大会正式发言；在接下来的几天里，李建成校长还主持了中职人才培养模式创新论坛，与来自全国各个中职院校的代表进行了互动交流；在校企合作论坛上李建成校长进行了中英合作现代学徒制合作试点项目的专题介绍；在企业家/院长、校长高峰对话论坛上，李建成校长与山东商业职业技术学院院长钱乃余、德利得物流总公司运营总监恽绵、宝供物流企业集团执行总裁卢立新作为会议嘉宾与参会人员进行了互动，就校企合作的政府机制建设、校企利益诉求以及校企融合等问题进行了深入探讨。

本次研讨会公布了2014年度全国物流职业教育优秀教学成果奖的评选结果。上海市现代流通学校的《中职物流服务与管理专业建设的研究与实践》荣获全国物流职业教育优秀教学成果奖一等奖；《物流职业技能大赛与项目引领教学改革有机结合的探索与实践》荣获全国物流职业教育优秀教学成果奖三等奖。

本次研讨会还就应对物流职业教育面临的新形势、新机遇和新挑战，研究解决当前物流职业教育面临的问题，未来物流教学改革、信息化、产教融合等方面进行了广泛交流和深入探讨，尤其对职业教育信息化创新、校企合作、中高职人才培养模式、中英现代学徒制试点等方面的问题进行了深入的讨论与交流。

上海市现代流通学校积极推进中英合作现代学徒制教学试点工作

本学期，上海市现代流通学校积极有序地开展了中英合作的现代学徒制教学试点工作。从校级领导运筹帷幄到基层管理部门有力执行，从教师外派培训交流到班级学生内部整合，从主管校长动员推进会到班级任教教师座谈会，学校对各方面的工作都进行了积极有效的推进。

英国的现代学徒制是在传统学徒制现场教学的基础上，发展为现场教学与学校教育相结合的工读交替教学模式。学生在学校接受正规教学，以强化学生的人文素养教育和专业技能的学习，如计算机、英语等工具性课程以及专业技能考证的学习阶段，然后再进入企业接受职场锻炼，并有专门人员进行评估。

现代学徒制是产教融合的有效尝试，也是国际上职业教育发展的基本趋势和主导模式，它倡导了学校、企业的深度合作，是对传统工学结合人才培养模式（如订单式）的一种递进。

上海市现代流通学校乘着国家加快发展现代职业教育的东风，努力探索和提升人才培养质量模式，积极推进专业设置与产业需求、课程内容与职业标准、教学过程与生产过程“三对接”以及学历证书和职业资格证书“双证书”制度。

担任教学试点工作的教师面对的既是挑战，又是机遇。学校要求任教教师认真对待试点教学工作，不断积累经验，同时定期开展教学交流汇报，使教学团队相互协作和互补，争取在试点教学工作上有创新、有突破，为日后科研立项创造条件。

领导亲力亲为　助推现代学徒制试点
——记我校中英合作现代学徒制物流服务与管理专业试点推进会

2014 年下午 2 时，上海市现代流通学校校长李建成、副校长周云斌、校长助理张宏、企业及学校 10 位评估师、20 位学徒在上海顶通物流有限公司隆重举行现代学徒制全体人员项目推进会。

首先由李校长向全体人员介绍了现代学徒制实施的意义及其得到教育部、上海市教委、中物联等的高度重视和对我校工作的肯定，特别是上海顶通物流有限公司、10 位评估师、20 位学徒的通力合作，使学徒制项目开展得红红火火。

其次由沈老师介绍了英国专家布莱恩反馈的我校开展学徒制试点一个多月以来的情况，英国专家布莱恩首先肯定了大家的成绩，同时也希望大家抓紧时间，提高证据收集的速度及质量。同时欢迎各位评估师多跟英国专家布莱恩交流，使该项目进展更快。

再次由李校长强调了实施过程中的注意事项，第一，学徒与评估师紧密配合，相互提醒，相互促进；第二，希望评估师把该项目分成若干子项目，当作研究项目进行学术研究；第三，希望我们这些“第一个吃螃蟹的人”多思考，多积累，多付出，把项目做实、做精；第四，及时完成英国专家布置的各项任务，不掉队，克服一切困难，把现代学徒制项目快速推进。

最后大家都表示会共同努力、共同探讨、共同成长、共同发展，真正为培养受企业欢迎的准学徒而奋斗。

把现代学徒制介绍给更多的兄弟学校
——记常熟中等专业学校和柳州职业技术学院来访

初冬的脚步悄然来临，仿佛一夜之间萧瑟冬意笼罩了申城，可是料峭的寒风却遮掩不了上海市现代流通学校的热闹，2014 年 12 月 8 日这一天，英国学徒制专家、江苏省常熟中等专业学校领导和同行、广西柳州职业技术学院领导和同行的光临，使上海市现代流通学校暖意融融、分外热闹。

上海市现代流通学校是英国学徒制在华试点的第一所学校，经过中英双方政府、英国总领事馆、学徒制专业培训机构英国瑞尔公司、合作企业上海顶通物流有限公司及上海市现代流通学校的共同努力，中英现代学徒制已顺利落地实施，从 2014 年 8 月起 20 名学生已经正式进入企业进行带教和评审；经过三个多月的训练和磨合，无论是学徒、企业导师还是学校企业双方的评估师，都从中受益匪浅；每周一次的内审、每月一次的外审，每周五照例进行的中英双方视频会议，定期翻译并传往英国的学生作业等，这些都已形成惯例、雷打不动；参加学徒制项目试点的学生从开始时的兴奋、雀跃，经历了后来的不知所措、不适应乃至情绪低落、打退堂鼓，直至现在的从容不迫、得心应手，他们的变化是质的飞跃，可能有时还会忍不住抱怨一天的辛苦上班之后还要面对一大堆的作业，可能有时还会对英国的教学方式不太适应，可能有时还会因全英文的作业抓耳挠腮、心急火燎，但他们的成长是显而易见的，是让所有学校老

师和企业导师都刮目相看、喜不自禁的；学生这样的成长才是有效的、企业和学校这样的合作才是双赢的，不是吗?

正是基于上海市现代流通学校实施的现代学徒制所取得的成绩和效果，国内的兄弟学校都将目光紧紧锁住了这一项目，这些学校想向上海市现代流通学校请教经验和心得，江苏省常熟中等专业学校和广西柳州职业技术学院也正是为此而来。

江苏省常熟中等专业学校已在五年一贯制的汽车制造专业中实施试点了现代学徒制，与奇瑞捷豹路虎汽车有限公司合作，其实施周期为三年；此次江苏省常熟中等专业学校由校长带队一行5人专程来访，与上海市现代流通学校就现代学徒制实施的细节和具体问题进行深入的探讨和磋商。

广西柳州职业技术学院是一所高职院校，在教育主管部门和合作企业中外运敦豪的大力支持下，拟在相关专业进行现代学徒制试点；经英国总领事馆的介绍和牵线搭桥，一行8人专程赶往上海进行考察，尤其值得一提的是，除了学校校长、专业教师外，柳州市教育局和中外运敦豪柳州公司也专门派人随行，专门考察现代学徒制的实施要点和情况，可见柳州对此项目的重视程度。

会晤中，首先由全程参与此项目、并作为评估师之一的蓝仁昌博士介绍现代学徒制的基本情况。蓝博士将现代学徒制的优势概括为六点，包括：采用英国职业标准、提供培训内容；严谨培训评价体系、保障培训质量；带有培训性质工作、提升就业水平；促进产教深度融合、提高技术技能；结合职业资格证书、确保任职资格；先试先行导入课改、取得教改领先。

上海市现代流通学校校长李建成在发言中主要阐述了学校在实施过程中的作为及中英学徒制在职业教育改革中带给大家的一些启示。项目分三阶段，其一为项目启动阶段，2013 年 4 月中国物流职教代表团访英，初步建立中英现代学徒制合作意向，随后学校分别与顶通物流、英国瑞尔公司签订协议。其二为项目运作阶段，2013 年年底企业与学校从报名学生中选出 20 名进入学徒制试点班，2014 年 8 月学生、教师进入企业，项目进入实质性运行；其间，学校还对中英现代学徒制教师（考评员）进行了专门的师资培训，包括 2013 年 11 月学校教师进入企业进行为期一个月的调研考察、2014 年 1 月学校和企业的项目参与人员（考评员）共 10 人赴英国进行培训考察、2014 年 8 月 10 名教师（考评员）与学生一道接受了英国专家在顶通物流进行的现场培训。其三为项目总结阶段，下一步包括三个方面内容：中英现代学徒制项目将进一步进行项目成果的推广和宣传，包括学生获得英国三级证书、中国物流与采购联合会三级证书，成为企业正式员工；试点将对其进行总结并上报教育部、英国相关部门；推进建立中国模式的现代学徒制体系。

来宾还就教学组织、质量保证、推进难点等问题与上海市现代流通学校的相关领导老师进行了深入的讨论。上海市现代流通学校会议室的圆桌为三所学校提供了互相探讨、互相磋商的有利条件。大家你一言我一语，不断迸发出思维碰撞的火花，整个氛围活跃热烈、其乐融融。

中英现代学徒制内审培训

本周开始，来自英国的专家亚历克斯（Alex）来到上海市现代流通学校，开始为期两周的中英现代学徒制试点物流项目的回顾和内审工作。

在第一天的课程中，Alex 首先盛赞了参与学徒制的评估老师团队为项目做出的努力，他在英国已经检查了上海评估师们提交的很多资料，评估师们都按照英方的质量要求完成工作，所有的资料完成的质量都很高。接下来 Alex 给大家培训学徒制项目中最后 3 个单元的内容，在培训中，Alex 深入浅出地为大家举例讲解了如何结合最后 3 个单元内容来完成学徒学习资料的收集工作，Alex 的讲解使大家茅塞顿开，更进一步地理解了学徒制核心的概念，就是学徒在学习的整个过程中，不断地发展提高各方面的能力。最后，作为公司内审员，Alex 给评估师们提供了很多实用的建议，教会大家如何更好地完成评估材料的收集和整理工作。

在接下来的两周内，Alex 分别与每位评估师进行面谈，一起回顾已经收集到的评估资料，点评各位评估师完成的工作，并给大家提出了宝贵的改进意见。除了和评估师的谈话外，Alex 也向学徒们了解学习的情况。学徒们纷纷表示，学徒制轮岗的学习使他们更加自信，提高了他们的沟通和思考的能力，使他们进一步掌握了物流知识和技能。每个同学都展望了自己五年后的职业目标，他们对其充满了期待。

中英学徒制试点工作从 2014 年 9 月开始，为期一年，评估师们在评估过程中，不断学习，探索新的教学模式。通过这次 Alex 的内审培训，评估师们更明确了工作方向，掌握了工作诀窍，大家都信心满满，努力在最后几个月中，争取培养出学校第一批合格学徒，顺利完成学徒制试点工作。

推广现代学徒试点　创新人才培养模式

《教育部关于开展现代学徒制试点工作的意见》中明确指出开展现代学徒制试点工作，通过试点总结、完善推广，逐步建立起政府引导、行业参与、社会支持、企业和职业院校双主体育人的中国特色现代学徒制。探索和创新通过校企合作，培养行业企业需要的高素质技能型人才。

为进一步完善校企合作育人机制，创新人才培养模式，2015 年 4 月 18 日，上海市现代流通学校承办了全国职业院校现代学徒制人才培养创新研讨会。来自全国各省市的职业院校校长、行业企业职教专家和职校老师参加了此次研讨会。教育部高等学校物流类专业教学指导委员会副主任、上海市现代流通学校校长李建成出席会议并对中英现代学徒制试点培养工作进行了引领性的大会发言。

教育部高等学校物流类专业教学指导委员会副主任蓝仁昌博士应邀做客研讨会，介绍中英现代学徒制发展模式。他围绕企业现场管理人才的短缺、英国现代学徒制的优势、中英现代学徒制的融合、中英现代学徒制导入的要素、创建中英现代学徒制技能中心、建立校企合作长效机制六个方面进行了交流。

上海市现代流通学校物流教研部张宏主任介绍了学校中英现代学徒制试点的项目背景，学校在校企合作共赢的基础上，引进英国职业标准，积极探索创新人才培养模式，采用多种评估手段，重视学徒过程考核，不断完善质量监管体系和健全管理运行机制，打造合格评估队伍，强化试点项目内涵，推动中英合作进程。

学徒制试点班班主任、物流教研部沈昕老师针对中英现代学徒制项目进程、学徒成长、评估过程和质量监控也进行了大会交流。

现代学徒制以学校和企业的深度融合，学校教师、企业师傅的双导师传授为支撑，企业师傅走进课堂直接参与教学指导，同时学生走进企业感受企业文化，并在企业师傅的指导下学习专业知识和实操技能。这是教师、师傅双重指导，学生、学徒双重身份实践学习及以提高学生职场素养、技能水平和岗位能力为主的人才培养模式。

研讨会上院校老师针对现代学徒制试点中的一些想法进行了提问和交流。上海市现代流通学校校长李建成做了一一解答。与会人员表示通过此次研讨会，了解并学习到不少试点培养方面的实际经验，收获颇丰。大家希望今后能有更多这样的人才培养创新研讨的平台和交流的机会。

现代学徒制新闻短稿

在关于现代学徒制的校企合作会议召开之后，企业的经理们陆续来到我校并走上讲台。

2016 年 12 月 15 日，上海顶通物流有限公司的营销总监张琳女士（Jessica）给我校 15301 班的全体同学上了一场生动的主题为“客户服务”的课。

张琳老师首先让同学们把她说的话用笔在纸上画下来，因为这能反映出双方的沟通是否有效。接着，张老师重点讲授了 4 个方面的内容：什么是客户服务；客户满意度管理；有效客户沟通；处理客户投诉。

张琳老师谈到的观点“感受比事实更真实”“一个人想要成功，15% 依靠他的专业技能，但 85% 要依赖他的人际关系（沟通能力）”“信任是沟通的基础”让同学们感到既新颖又令人震撼。

张琳老师生动而有趣的语言、鲜活而富有说服力的案例深深地吸引了全体同学，一堂课过后同学们普遍感到受益匪浅，其别具一格的授课风格也给同学们留下了深刻印象。这堂课增加了顶通物流对同学们的吸引力，不少同学表示期待着有机会通过现代学徒制的选拔机制进入顶通物流轮岗实习。

国际专家引领和指导　助推现代学徒制试点
——记我校现代学徒制试点项目推进会

2017年3月23日上午10时到下午3时现代学徒制试点项目推进会在上海市现代流通学校建宁楼五楼会议室隆重举行。参加会议的有国际专家Debbie，学徒培养企业上海顶通物流有限公司许蓓等，上海市现代流通学校校长张宏旭、副校长赵一萍、校长助理王彦文和龙晓炜、物流教研部主任张宏、教导事务部副主任许德济及5位评估师等；会议由副校长赵一萍主持。

会议首先由上海市现代流通学校校长张宏旭致欢迎词，感谢英国瑞尔公司一直以来对我校现代学徒制项目的技术支持和帮助，同时期望通过现代学徒制项目的试点，能让学生学到更多的技能及提高物流职业素养，能培养企业真正需要的准员工，最终让学生在该项目试点中受益；英国瑞尔公司Debbie表示一定会积极支持和配合学校、企业做好该项目的试点，做实做大该项目；通过长达一小时的交流和讨论，英国瑞尔公司Debbie和上海市现代流通学校校长签署了合作协议，双方都表示通过该项目的合作，继续拓展在师资互派、学生国外实习等方面的合作。

会议的第二阶段为国际专家Debbie对已获证的7名评估师进行“英国学徒制新发展和学徒制的评估、内审要求”的讲座，通过一个多小时的讲座，7名评估师明白了试点任务的艰巨，因为学徒培养质量的高低，关键在于评估师和企业导师对物流专业知识和技能的熟悉度。同时Debbie也指明了7名评估师接下来努力的方向。

会议第三阶段为英国瑞尔公司Debbie对我校的学徒进行“英国的现代学徒制”授课，通过授课，学生了解了英国学徒制的基本情况，同时也知道了作为学徒应该如何在企业学徒及如何提高物流职业素养，讲座在学生热烈的掌声中结束。

通过此次会议，我校的现代学徒制项目又往前推进了一大步，相信通过多方的通力合作，我校的现代学徒制项目一定会更好地服务学生和企业。

校企签约　共推现代学徒制
——记我校第三批现代学徒制项目试点校企合作签约

2017年3月27日下午1时到3时，上海顶通物流有限公司与上海市现代流通学校于建宁楼五楼会议室隆重举行校企合作签约。出席签约仪式的有：上海顶通物流有限公司总经理张钦楷，人事经理许蓓；上海市现代流通学校校长张宏旭，副校长赵一萍、周凤，校长助理王彦文，物流教研部主任张宏，就业办李承军等。

会议首先由上海市现代流通学校校长张宏旭真诚欢迎上海顶通物流有限公司总经理张钦楷的到来，并感谢张总对我校现代学徒制项目的大力支持和帮助；其次由物流教研部主任张宏说明第三轮现代学徒制项目已开展和接下来需要进行的工作；再次进行校企合作签约；最后进行校企的研讨，通过研讨，企业期望学校继续输送大量的优质学生，学校也非常愿意为企业提供优质的未来员工。

相信通过双方的紧密合作，一定能实现校企共赢、学生受益。

（六）社会辐射效应

1. 接待参访调研职业教育机构的情况

接待参访调研职业教育机构的情况如表 4–8 所示。

表 4–8　　接待参访调研职业教育机构的情况

序号	学校	人数（人）	时间
1	中山火炬开发区理工学校	13	2015 年 4 月
2	柳州市第二职业技术学校	18	2015 年 4 月
3	柳州职业技术学院	8	2015 年 4 月
4	广西职业技术学院	8	2015 年 8 月
5	中国职业教育协会	5	2015 年 7 月
6	青岛名校长参访团	10	2015 年 10 月
7	佛山职业技术学院	4	2015 年 10 月
8	江门市新会冈州职业技术学校	3	2015 年 10 月
9	常州机电职业技术学院	3	2016 年 3 月
10	无锡旅游商贸高等职业技术学校	5	2016 年 3 月
11	上海工程技术大学	2	2016 年 4 月
12	江苏旅游职业学院	5	2016 年 4 月
13	厦门市海沧区职业中专学校	3	2016 年 6 月
14	天津市物资贸易学校	9	2016 年 7 月
15	无锡科技职业学院	4	2016 年 9 月
16	柳州职业技术学院	4	2016 年 9 月
17	山东省青岛市教育局	7	2016 年 10 月
18	长沙市教育科学研究院	7	2016 年 10 月
19	海南省商业学校	6	2016 年 11 月
20	广州市商贸职业学校	3	2016 年 11 月
21	河北经济管理学校	3	2017 年 6 月
22	湖北城市建设职业技术学院	4	2017 年 8 月
23	山东职业学院	5	2017 年 10 月

2. 参与中国物流与采购联合会现代学徒制推广活动

参与中国物流与采购联合会现代学徒制推广活动如表 4–9 所示。

表 4–9　参与中国物流与采购联合会现代学徒制推广活动

序号	地区	时间	序号	地区	时间
1	青岛	2016 年 3 月 10—11 日	7	常州	2016 年 6 月 3—4 日
2	武汉	2016 年 3 月 17—19 日	8	西安	2016 年 5 月 20—21 日
3	厦门	2016 年 3 月 30—31 日	9	柳州	2017 年 7 月 2 日
4	杭州	2016 年 4 月 14—15 日	10	广州	2016 年 9 月 24—25 日
5	济南	2016 年 5 月 10—11 日	11	新疆	2016 年 6 月 13—14 日
6	安徽	2016 年 8 月 2 日	12	无锡	2016 年 3 月 23—24 日

模块五　物流服务与管理专业现代学徒制人才培养辐射推广

中职物流专业“产教一体”企业项目的研究与实施

广州市商贸职业学校　林珍平　吴燮坤

一、中职物流专业“产教一体”企业项目简介

1. 研究背景

我校开办物流相关专业已有四十多年历史。1964 年，开办了仓储专业；1989 年，校企合办储运管理班；2000 年开办了现代物流专业；2005 年被列为广东省中等职业学校重点专业；2014 年被确立为国家示范校重点建设专业。

经济的全球化和电子商务时代的到来，使得现代物流业蓬勃发展，对物流业技术技能型人才培养提出了新的要求。我校进行了广泛专业调研和分析，发现物流业技术技能型人才培养普遍存在着三个差异和三个弊端，即学校培养目标与企业职业岗位定位的差异，学校课程设置与企业人才职业成长规律的差异，学校毕业生能力与企业用人综合职业能力要求的差异，从而揭示校企合作表面化，人才培养模式僵化，企业劳动力集约化等弊端。随着职业教育改革的不断深入，现代学徒制成为提升人才培养质量的有效途径已经形成共识。由于目前国内学徒制的模式还不够成熟，物流职业标准也存在诸多不足，而英国学徒制和物流职业标准都具有国际先进性，又因为中职生的年龄较小难以满足开展现代学徒制的招生要求，因此，我校借鉴英国学徒制模式和采用物流职业资历框架，以企业项目建设为抓手，聚焦“产教一体”的研究与实施。

2. 中职物流专业“产教一体”企业项目的构建

2013 年 6 月，根据广州市教育局第十六届特约教研员研究项目规划，我校牵头组织开展物流专业建设改革研究工作，启动“基于京东班的中职物流专业人才培养模式改革”课题研究，并响应教育部关于开展现代学徒制的号召，于 2015 年 3 月将其作为子课题纳入中国物流与采购联合会全国首批现代学徒制试点研究项目，重点研究企业

项目的实施。该项目成果于 2015 年 6 月进入全面实施阶段，历经 4 年的实践检验，证明改革成效显著，具有推广应用价值。

中职物流专业“产教一体”企业项目是在全国物流职业教育教学指导委员会的指导下，由环众软件（上海）有限公司导入英国现代学徒制辅导项目，学校联合广东天图物流股份有限公司共同研究和实施。该项目以人本主义和建构主义理论为依据，借鉴英国资历框架、物流职业标准、评估机制等学徒制模式，结合我国企业劳动组织方式，在专业课程、教学模式、教学环境、评价考核等方面进行系统性改革，形成“物流操作核心技能训练”等 6 门企业课程，实施时间占专业人才培养方案时间的 1/3，即 1 年，理论和实践学习都在企业完成。其是由企业导师、学校专业教师共同指导，专业教师兼任评估师角色，并聘请第三方机构指派内审员和外审员进行教学质量全过程监控的综合改革项目，如图 5-1 所示。

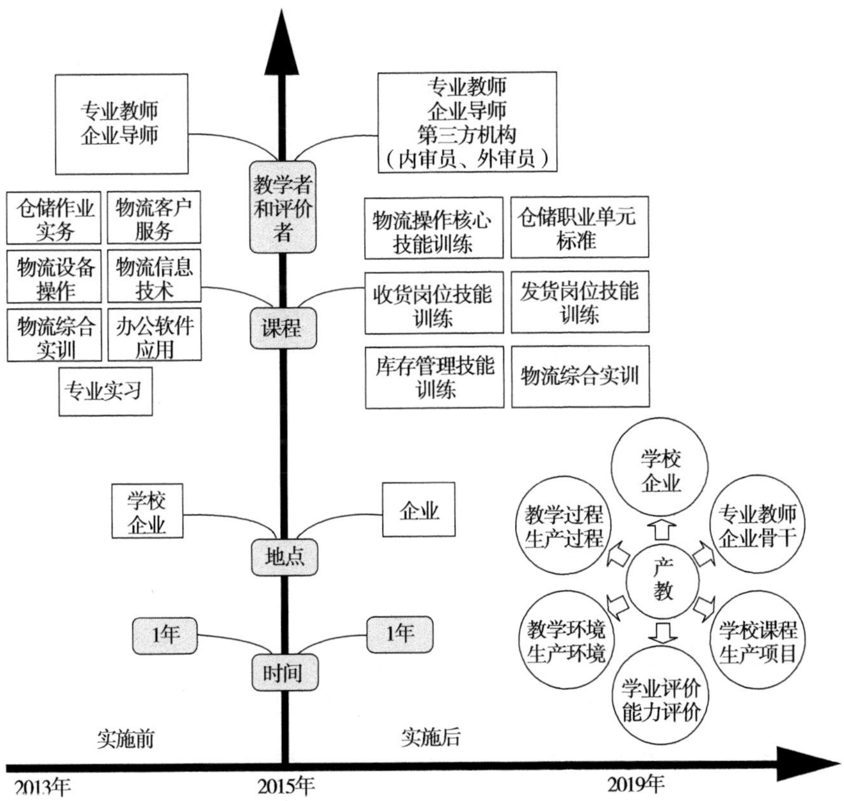

图 5-1　物流专业“产教一体”企业项目示意

二、"产教一体"企业项目主要解决的教学问题及解决教学问题的方法

1. 解决学校培养目标与企业职业岗位定位的差异问题

该项目借鉴了英国资历框架、物流职业标准等学徒制理论成果，通过企业调研，结合国内物流企业实际岗位工作任务情况，修订企业项目单元标准，将学校课程与生产项目融合，构建企业课程，并且全程在企业培养，体现学校与企业融合，学生与员工融合，职业技能提高和职业精神培养高度融合的理念。

2. 解决学校课程设置与企业人才职业成长规律的差异问题

该项目以人本主义和建构主义为理论指导，聚焦"产教一体"，关注人的认知规律，创建了以企业生产节奏和规律为导向的企业课程开设和教学规律相融合的新机制，实现教学过程与生产过程融合，体现工学结合、知行合一的理念。

3. 解决学校毕业生能力与企业用人综合职业能力要求的差异问题

该项目采用观察法、引导式讨论等 11 种评价方法，将学习者能力评价与企业员工评价融合，由企业导师、学校专业教师共同指导和评价，并聘请第三方机构指派内审员和外审员进行教学质量全过程监控，保证了综合职业能力的培养。

4. 解决教师实践能力不足的问题

本项目严格按英国学徒制培养评估师的标准流程培养老师。首先安排专业教师到企业顶岗实践，脱产学习英国职业标准、评估师 TAQA（Training Assessment Quality Assurance）单元标准等。在项目实施阶段，每位教师以"准评估师"身份对学生进行指导和评估，并接受内审员的检查和指导，最后通过行业的考核取得物流现代学徒制评估师证书，成为名副其实的"双师型"教师。

三、"产教一体"企业项目特色

1. 英国学徒制本土化的理论创新

该项目的研究借鉴了英国资历框架、评估机制等学徒制模式，并结合我国企业劳动组织方式、物流专业特色等初步形成了较为完整，特征明显的原则遵循。就企业项目的结构机理、课程间的逻辑关联，课程目标和内容与生产过程和职业标准的对接等进行了理论的探究，实现了本土化的理论创新。

2. 教学模式创新

该项目成果以人本主义、建构主义为理论指导，在实践过程中聚焦"产教一体"，围绕

学生、教师双主体，产教融合，从指导与习得两个角度，形成了教学方法、学习方法、评价考核方法、教学环境、实施保障方法等，突破了教学与生产的阻隔，使它们融成一体。

3. 评价模式创新

该项目成果改变学校常用的讲授法、案例分析法等教学方法，主要用观察法、引导式讨论、工作成果测试等 11 种评价方法，针对不同的岗位技能，学生举证，老师采取多方取证的方法进行综合评价，实现学习者能力评价与企业员工评价融合。

4. 专业教师培养路径创新

专业教师通过顶岗实践、脱产学习、模拟评估等前期准备，在项目实施过程中担任“准评估师”角色，在拜访导师、拜访学徒、辅导学徒、评估学徒、接受内审员的辅导和评价等环节达到“做中学”“做中教”，从而更好地提升了专业实践能力。

四、“产教一体”企业项目应用成效和应用效果

1. 项目应用成效

（1）形成丰富多样的教学成果。成果主要包括前期成果和后期成果。前期成果指的是研究期间产生的成果，包括：物流专业人才培养方案；物流专业“产教一体”课程体系；《物流操作核心技能训练》《仓储职业单元标准》等 6 门课程教材，《评估师 TAQA 单元标准》《评估师核心技能综合练习册》2 本教师手册；学生和教师企业项目学习平台；企业遴选标准、企业导师遴选标准等内容的项目运行机制文件；由广东天图物流股份有限公司提供的华南仓、安利仓实习实训基地等。后期成果主要包括学生和老师在学习和指导过程中提交的如视频 –Ob、讨论 –GD 等 11 种类型的作业证据形成的丰富的案例教学资源。

（2）培养一批综合素质高、能力强的学生。自 2013 年研究与实施以来，物流专业毕业生对口就业率从 75% 提升到 85%，用人单位满意度从 72% 上升到 90%；物流竞赛团队在各级竞赛中硕果累累，共 28 名学生获得省级以上奖项，4 位同学不断超越获得 2018 年第四届全国职业院校技能大赛中职组现代物流综合作业赛项一等奖，实现国赛一等奖的突破，并获第四届广州职业教育金睿奖“未来工匠之星”荣誉称号，被深圳职业技术学院等高职院校免试录取；2014 级物流服务与管理 1 班许钊宁同学获第二届广州职业教育金睿奖“最炫技能奖”，目前在广州宏迅国际货运代理有限公司担任项目经理；2015 级物流服务与管理 2 班付兆权同学获第三届“挑战杯——彩虹人生”广东职业院校创新创效创业大赛一等奖，在校即创办属于自己的企业——广

州恩典信息科技有限公司。2015—2019 年物流专业学生参加省级以上技能竞赛获奖情况（部分）如表 5-1 所示。

表 5-1 2015—2019 年物流专业学生参加省级以上技能竞赛获奖情况（部分）

<table>
<tr><th>序号</th><th>时间</th><th>主办单位</th><th>竞赛项目</th><th>学生姓名</th><th>获奖等级</th></tr>
<tr><td>1</td><td>2017 年 6 月</td><td>广东省教育厅</td><td>2016—2017 年度广东省职业院校技能大赛现代物流中心作业技能赛项（中职组）</td><td>许钊宁、林佳裕、林哲源</td><td>二等奖</td></tr>
<tr><td>2</td><td>2018 年 5 月</td><td>全国职业院校技能竞赛组织委员会</td><td>2018 年全国职业院校技能大赛中职组现代物流综合作业比赛</td><td>庄鹏、黄桓烽、林焕顺、林洪星</td><td>团体一等奖</td></tr>
<tr><td>3</td><td>2018 年 6 月</td><td>广东省教育厅</td><td>2017—2018 年度广东省职业院校技能大赛物流单证技能赛项（中职组）</td><td>邹霈霈</td><td>一等奖</td></tr>
<tr><td>4</td><td>2019 年 3 月</td><td>广东省教育厅</td><td rowspan="2">2018—2019 年度广东省职业院校技能大赛现代物流中心作业技能赛项（中职组）</td><td>莫壁豪、张惠鑫、陈志华、游凯程</td><td>团体二等奖</td></tr>
<tr><td>5</td><td>2019 年 3 月</td><td>广东省教育厅</td><td>冯一鸣、萧立佳、梁立新、谭玮</td><td>团体二等奖</td></tr>
</table>

（3）学生考证通过率明显提高。在“产教一体”企业项目下，学生在“做中学”，在“学中做”，对比数据可看出在实施“产教一体”企业项目后，考证通过率逐渐趋向平稳，从 2015 级开始，每个班级考证通过率均保持在 90% 以上。其中试验班考证通过率远高于对照班，同时与普通在校班级 2014 级物流服务与管理 1 班的考证通过率对比，高于普通班 3.12%，2013—2016 级考证通过率统计如表 5-2 所示，普通班与融通班考证通过率对照如图 5-2 所示。

表 5-2 2013—2016 级考证通过率统计

班级	考证通过率（%）	备注
2013 级物流服务与管理 1 班	67.44	普通班
2013 级物流服务与管理 2 班	97.14	普通班
2014 级物流服务与管理 1 班	71.88	普通班

续　表

班级	考证通过率（%）	备注
2014 级物流服务与管理 2 班（融通）	100.00	融通班
2014 级物流服务与管理 3 班	95.65	普通班
2014 级物流服务与管理 4 班（三都）	75.00	试验班
2015 级物流服务与管理 1 班	90.00	普通班
2015 级物流服务与管理 2 班（融通）	95.83	融通班
2015 级物流服务与管理 3 班（三都）	43.75	对照班
2016 级物流服务与管理 1 班	93.94	普通班
2016 级物流服务与管理 2 班（融通）	95.24	融通班

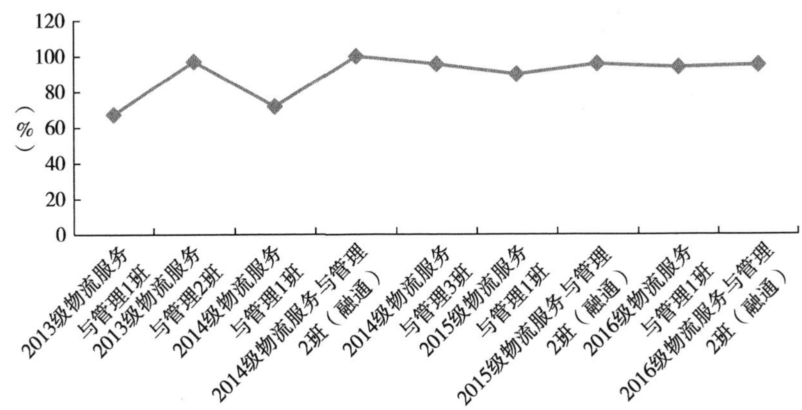

图 5-2　普通班与融通班考证通过率对照

2. 成就了一支高质量的双师型教师队伍

“产教一体”企业项目特别的培养路径大大提升了教师的专业理论水平和实践能力，教师在编写教材、精品课程建设、主持课题等方面硕果累累，如表 5-3 至表 5-7 所示。

表 5-3　　编写系列改革教材（部分）

序号	教材名称	作者	教材类型
1	仓储操作（二级）职业单元手册	项目组	校本教材
2	单元练习册	项目组	校本教材

续 表

序号	教材名称	作者	教材类型
3	物流核心技能综合练习册	项目组	校本教材
4	收货岗位技能训练手册	项目组	校本教材
5	发货岗位技能训练手册	项目组	校本教材
6	库存管理技能训练手册	项目组	校本教材

表 5–4　　发表教育教学和学术论文（部分）

序号	论文名称	作者	发表刊物
1	Y 公司生鲜电商物流配送业务优化	吴燮坤	物流工程与管理
2	广州空港跨境电商物流发展的影响因素及策略研究	吴燮坤	物流工程与管理
3	试析“一带一路”倡议下跨境物流运输需求与建设	林珍平	全国流通经济
4	浅析精细化管理在企业化班级中的运用	黄国菲	当代教育实践与教学研究
5	“现代学徒制”下物流专业“企业课程”的开发探索	李如姣	中国商论

表 5–5　　主持课题（部分）

序号	名称	作者	作用	获奖情况
1	基于“京东班”的中职物流服务与管理专业人才培养模式研究	林珍平 吴燮坤	主持、主要参与	广州市中职学校第十六届特约教研员教研成果一等奖
2	职业活动体验课型在财经商贸专业课程中设计与实施	李如姣	主持	广州市课题，2016 年结题
3	“运输作业实务”课程改革与教材建设的研究	李如姣	主持	广州市中小学、中等职业学校第十五届特约教研员教研成果一等奖

表 5–6　　精品课程建设（部分）

序号	名称	负责人	等级	建设时间（年）
1	运输作业实务	李如姣	市级	2014—2016
2	现代物流基础	林珍平	市级	2014—2017
3	国际货代操作实务	林珍平	市级	2016—2019

表 5-7　　教育教学综合奖（部分）

序号	姓名	奖项
1	刘立卫　黄国菲	2018 年全国职业院校技能大赛中职组现代物流综合作业赛优秀指导教师，指导作业团队获一等奖
2	林珍平　刘立卫　李如姣　吴燮坤　黄国菲　邓　兰　李慧霞	“中职物流专业中英现代学徒制人才培养模式研究”获 2017 年度物流职业教育教学成果奖一等奖
3	刘立卫	2018 年广东省职业技术教育学会先进个人

3. 专业引领示范作用

（1）物流专业综合实力增强，专业发挥示范引领作用。2018 年物流专业被确立为广州市中职示范建设专业，2019 年被广州市教育局推荐为广东省“双精准”示范建设专业。2016 年 9 月项目成果汇报，吸引了全国 20 多所院校来校观摩和交流，同年 12 月分别在广州市财经商贸教研会、广东省中职物流专业指导委员会年会介绍经验，项目团队人员张立波校长，彭文斌副校长，专业教师林珍平、李如姣、吴燮坤等老师分别在厦门、南京、无锡、杭州、武汉、宜昌等地进行经验分享。

（2）成果在全国推广应用，专业教师社会服务能力显著增强。项目改革成果的教材、学材、项目管理文件等被河北经济管理学校、宜家商学院、武汉市供销商业学校等全国多所学校借鉴和应用；项目负责人林珍平受中国职教学会教学指导委员会的邀请，担任了武汉市财政学校等多所学校的内审员和外审员等工作，担任企业项目课程开发的顾问，来自广州及全国其他地方的多名骨干教师跟岗学习；学校承办省、市级物流职业技能竞赛及师资培训，培训人数为 1000 多人次。

现代学徒制在岗培养评价“尺度”的研究与应用实践
——以山东省潍坊商业学校物流服务与管理专业现代学徒制实践为例

山东省潍坊商业学校　毛艳丽　吴洪艳

2019 年 2 月国家职业教育改革实施方案提出，促进产教融合校企双元育人，教育部办公厅在《教育部办公厅关于全面推进现代学徒制工作的通知》中要求，落实立德树人根本任务，深化产教融合、校企合作，健全德技并修、工学结合的育人机制，在国家重大战略和区域支柱产业等相关专业，全面推广政府引导、行业参与、社会支持、企业和职业学校双主体育人的中国特色现代学徒制。随着双元育人、现代学徒制等培养模式的推进，工学交替、在岗培养将成为新常态，在学校和企业间轮转培养的“现代学徒”群体逐渐加大，在岗培养将是教学组织实施的重要组成部分。而现代学徒制人才培养过程中如何科学评测学徒技能与知识的掌握情况？如何对现代学徒制的教学质量进行系统评价？如何实施更加规范高效的教学组织？这些成为各院校推进现代学徒制培养模式的关键问题。从2014年起，山东省潍坊商业学校物流服务与管理专业依托教育部和山东省现代学徒制试点建设项目，在学徒培养标准制定、构建“行企校生”多元评价主体、形成制度保障与技术支撑等方面进行了大量研究与实践。

2014年12月山东省潍坊商业学校物流专业现代学徒制在山东省重点品牌专业建设中立项，2015年进行前期调研、规划，随后在中物联人才培训部门的支持下，联合英式现代学徒制咨询公司——环众软件（上海）有限公司进行了学徒制组织模式特别是评价体系的顶层设计。项目选择在校学生进行试点组班，同时配备校内导师、企业师傅，与顺丰速递鲁中公司、潍坊百货集团公司进行试点合作，通过开设校内企业课程、在岗密集型实践教学与评价、顶岗实习等进行双师培养，形成了现代学徒制人才培养的潍坊商校模式。项目组于2017年形成的研究成果“基于学徒制模式的中职物流专业实践教学评价体系”获得全国物流行指委教育教学成果二等奖，2018年形成的研究成果“中职物流专业‘平台支撑、五元联动’现代学徒制实践教学评价体系”获得山东省职业教育教学成果特等奖、教育部全国职业教育教学成果二等奖。

一、现代学徒制试点工作的组织实施

（一）成立校系两级管理机构

学校成立了以校长为组长的现代学徒制试点工作领导小组，下设办公室，教务处长兼任办公室主任。商贸系成立现代学徒制试点工作小组，由系主任担任组长，各教研室主任和合作企业负责人为成员来开展现代学徒制试点工作，设立职业教育督导评估制度，把现代学徒制教学试点工作纳入学校党委及有关部门领导工作目标管理，作为实绩考核重要内容。

（二）完善管理保障制度

为保障现代学徒制试点实施质量，学校先后制定了《现代学徒制试点管理办法》

《现代学徒制企业导师聘任标准及工作职责》《现代学徒制学校评估师激励及考核制度》《现代学徒制企业导师激励及考核制度》，通过完善的制度体系，规范过程管理，提升实践学习质量，使试点各环节有章可循，有法可依。

（三）项目的设计及准备工作

1. 确定企业选择标准

良好的合作企业需具备以下几点：①有人才的动态需求。企业人才流动性大或者产业快速发展，急需补充人才；②有科学助力人才成长的理念。企业比较重视人才培养，对员工有规范的职业生涯成长规划体系；③有校企合作基础。能购买学生保险、提供企业学习场地及办公条件，确保学习的时间和场所等；④有典型的工作岗位。企业必须具有一定规模、典型的工作岗位，设立师傅认定及绩效考核制度。

2. 选定项目参与人员

在专业学徒制咨询公司的辅助下，借鉴英式学徒制评估体系的典型做法，项目确定了三级管理评价体系来组织实施学徒的岗位培养，具体由学校教师评估师与企业导师（师傅）、内审员、外审员组成。教师评估师由我校物流专业教师团队组成，选拔物流专业教学业务骨干、有较强组织协调能力、善于做思想工作的优秀教师参与。企业导师由企业推荐，要求他们是在管理和业务一线岗位上有 3 年以上工作经历的主管，有良好的职业道德，能进行工作示范和讲解。内审员由第三方的学徒制公司派出，外审员由中国物流与采购联合会派出。

3. 制定学习及考核标准

引入英国的学徒制标准，通过调研合作企业的岗位工作内容以及与企业联合研发形成学徒学习标准。目前已经成型的有电商物流企业仓管员、收派员岗位学习标准，仓储型企业配送员学习标准。学习标准具体包括相关的理论学习、技能学习标准。学习标准是后续考核标准的依据。从学习标准的开发到考核标准的制定，保证了学徒制实践教学组织实施有据可依，有证可考。

4. 准备相关的配套文件

学校与企业签订校企合作协议、学生及家长与学校签订学徒制学习协议，学生与企业签订学徒制学习协议，由此形成了规范的三方协议体系。通过协议明确各方的权利和义务，确定企业、学校购买学生保险，企业安排学习场地及办公条件，确保学习的时间和场所等。

（四）项目实施的关键管理控制点

1. 开展项目指导

项目引进专业的英式学徒制公司，对教师评估师、企业师傅、学徒进行了30课时的培训。培训主题围绕着现代学徒制人才培养模式的特点、三方任务分工、学习评估取证方法、学徒制网络平台使用等模块展开，以快速完成对现代学徒制模式的解读。

2. 明确学习标准

学校专业教师、学徒制项目专家、企业导师三方结合企业业务和专业学习目标，确定学徒岗位和具体学习内容，细化学习知识点和技能点以及考核标准。

3. 选派学生

学校与企业挑选确定学生人选，要求学徒必须年满18周岁，并确定每个学徒的企业师傅和评估师，举行拜师仪式。学校与企业分别与学生签署学徒制学习协议，并为学生投保意外伤害险。企业办理员工入职手续。

4. 评估取证

评估师深入企业，与企业导师（师傅）沟通交流，通过观察法、引导式讨论法等11种取证方式，共同督促学徒按照标准进行在岗学习，并对学徒进行考核评定。

5. 过程管理

企业导师（师傅）、评估师、学徒定期举行三方会议，就学徒学习过程中的问题进行讨论解决；评估师与内审员每周召开视频会议，就学徒制项目推进过程中遇到的困难进行答疑解惑；项目内审员对评估师每月进行一次考核指导，检查学徒证据上传到网络平台的情况；项目中期外审员对内审员进行考核，整个项目评估严谨公平有序。

二、现代学徒培养评价体系的构建

试点实践中逐渐提炼了物流专业学徒在岗培养标准、“行企校生”多元评价体系及相应的制度保障与技术支撑，总结出了校企双元学徒制人才培养组织实施规范。

（一）形成了“全程贯通、多维评价”实践教学评价标准

研发了“3+X”实践教学标准。通过调研合作企业的岗位工作职责，研发制定了基于岗位职业能力的“3+X”实践教学标准。“3”是指：文化基础标准（包括计算机应用、数统应用、语文应用），专业技能标准（通用技能、核心技能），职业素养标准（安全、

“5S”、创新)。“X”是指：岗位技能标准。围绕“3+X”，项目组先后开发了客服员、快递员、仓管员等不同岗位的快递类企业实践教学标准，开发了仓管员、理货员、营销员等不同岗位的仓储类企业实践教学标准。“3+X”实践教学标准如图 5–3 所示。

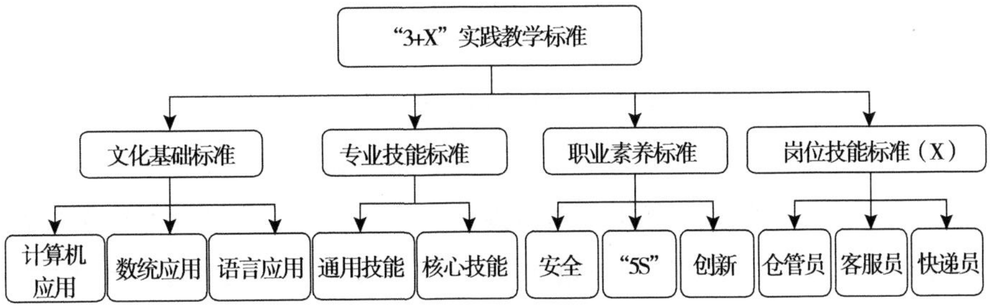

图 5–3　“3+X”实践教学标准

（二）形成了基于工作任务的系列学徒评价方法

基于工作任务和实践教学标准，对学徒日常工作状况进行素材采集，形成评估素材，并将素材上传到管理智慧平台，企业师傅、教师评估师评审交流后进行反馈，学徒进行完善，完成学习诊改。项目实践中逐渐形成了系列素材取证方式，主要有观察法、引导式讨论、问答法、个人陈述法、访谈法、工作成果测试法、资格证书、汇报法、工作经验法、作业 / 项目法、练习册法、在线测试法等。根据学习成果的不同呈现形式，可选择相应的评价方法，学徒自行取证提高了学徒评价的积极性。通过对在岗培养过程全面评价，注重一手证据素材的采集、运转形成了客观高效的评价机制。

（三）构建了“平台支撑、五元联动”教学管理评价体系

1. 开发了“闭环式”管理智慧平台

基于“互联网 +”的理念，借助信息技术手段，开发了管理智慧平台。管理智慧平台作为学习和评价的载体，学徒可在其上随时随地进行学习标准的在线或线下学习，并将学习成果文档上传至平台，可接受来自师傅、教师等多方的评价，针对评价意见进行修改再次上传，形成“实践学习—检测评估—反馈信息—学习纠偏”后进入下一个能力考核点的学习，从而形成若干连续的闭环运转，直至全部岗位能力单元检验通过，即可为合格学徒颁发证书。即时互动的教与学，及时反馈的做与评，大大提高了学徒参与积极性，做与学的转换节奏大大提升了实践学习的效率。

2. 构建了“五元联动”管理评价机制

首先构建由学徒、师傅、评估师、内审员、外审员五方构成，采取环环相扣梯级评价，“五元联动”的评价机制。由学生自己提供一手证据，然后经过师傅与评估师、内审员和外审员的梯级检查与论证，层层把关，不同的评价主体针对不同的侧重点对学徒制实践教学效果给出不同的评价，互相印证，从而得到客观公正的结果。整个评价过程科学有序，评估结果真实可靠。评估师与学徒制项目的内审员每周举行视频会议，就学徒制项目推进过程中遇到的困难进行答疑解惑。内审员对评估师进行每月一次现场考核指导，检查学徒证据上传到网络平台情况；外审员对内审员每三个月进行一次现场考核，确保整个项目评估严谨公平。“平台支撑、五元联动”教学管理评价体系如图 5-4 所示。

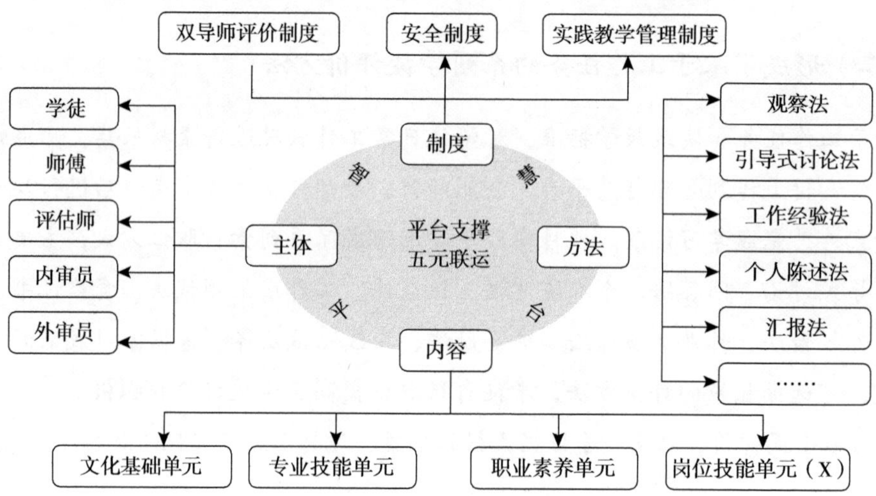

图 5-4 “平台支撑、五元联动”教学管理评价体系

三、主要创新点与成效

1. 创新点

（1）研发了涵盖岗位全工作流程的学徒实践评价指标。依据企业岗位工作标准和学校教学标准，制定了实践教学中学徒培养标准、实践学习评价标准，形成了评价学徒学业水平的路径规范。基于岗位能力要求的全程、全面、多元的三级评价指标体系为学徒制评价提供考核依据，同时配套建成的整个流程的评价系统和机制成为学徒制实践教学评价的有力保障。这种评价体系使学徒制实践教学评价有据可依，有证可查。

（2）开发了即时评价、即时反馈的现代学徒制实践教学管理智慧平台。通过智能化手段记录学徒在岗学习的成长轨迹，实现以大数据平台为支撑的在线学习、在线交流、自评取证、数据上传、三方评价、评价反馈、成果纠偏和成果鉴定全过程管理。学徒自评取证，上传信息，获取评价反馈，纠偏修正的闭环信息流，同时由学徒自评价触发，师傅、评估师、内审员、外审员逐级参与的评价链同步启动，分工负责，梯级制衡。评价过程变得简单、快捷、高效。

（3）构建了以行业、企业为主，多元参与的“五元联动”管理评价机制（见图 5–5）。进行了评价主体创新，将评价维度拓展为学徒自评、师评和第三方评，充分调动学徒自我评价的积极性，并将主要评价权交付行业及第三方咨询公司，形成以企业专家为主，五元参与的更全面、更多维度的评价主体结构。研发了基于管理智慧平台的包括观察法、引导式讨论法、证人证词法、工作成果测试法等 11 种学徒自评取证方法，使评价基于学徒在岗实践中的具体工作行为，最大限度保证了评价过程客观公正，大大提高了评价结果的效力。

2. 主要成效

（1）明显提升了物流专业人才培养质量。项目学校物流专业学生综合能力全面提升，近年来参加技能大赛获国赛、省赛一等奖 10 项，创新创业大赛、文明风采大赛奖 5 项；顶岗实习后，学生专业素养提高，适岗能力显著增强，学生岗位稳定性由原先的 46% 提高到 89%，用人单位满意度为 96% 以上，专业对口率稳居 95% 以上，就业层次和薪酬水平大幅度提升，学生成功创业就业的案例明显增加。

（2）极大改善了团队实践教学能力。教师通过评价指导学生，深度参与企业岗位工作，收集大量一手的生产经营实例，切实提升了企业实践能力。学徒制项目成为教师与企业融合的重要途径。项目成员学校的 4 名专业教师被聘为物流企业顾问和兄弟院校的实践指导教师；2 名专业教师成长为齐鲁名师、山东省青年技能名师；物流专业教学团队被评为山东省教学团队第一名；物流企业技术人员成为兼职教师，走进课堂，助力物流教师团队的结构优化。

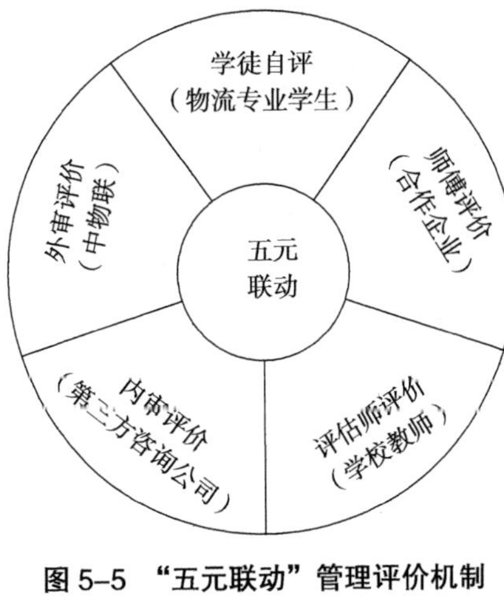

图 5–5　“五元联动”管理评价机制

（3）建立了产教协同的物流专业教育新形态。试点项目整合了校企双元诉求，在规范的评价指标引领下学徒培养工作科学高效，企业战略业务与学徒培养协同规划。伴随着项目成果找到了校企利益的平衡点，极大鼓励了企业参与人才培养的信心，奠定了项目深度合作的基础。项目成员山东省潍坊商业学校目前已拓展了12个现代学徒制实践基地，与企业形成了稳定的现代学徒制人才培养的体系。实现了校企协同育人、专业办学和企业发展良性互动的新格局。

现代学徒制项目探索与实践
——武汉市财政学校与九州通学徒制案例

武汉市财政学校　程明　沈黎

一、项目背景

现代学徒制是一种现代职业教育制度，将学校的理论教学与企业的实践教学结合起来。学生作为学徒进入企业，在工作岗位中由企业导师手把手地进行指导，企业导师帮助学生掌握相应的知识和技能。学徒需向评估师提供证据证明自己掌握了相应的内容，评估师对学徒的学习情况进行评估和指导。学徒有双重身份，既是学校的学生又是企业的学徒。学徒也有双重指导者，一是评估师，二是企业导师。评估师由学校教师担任，一方面对学徒学习进行指导，另一方面对学徒的学习进行评估。企业导师由企业方提供，负责在企业中指导学徒。内审员由第三方咨询公司提供，负责整个项目的辅导，并监督评估师的工作。外审员由颁证机构提供，审核整个项目的证据、资料，颁发学徒制培训合格证书并对内审员进行监督。

现代学徒制架起了企业和学校联合培养人才的桥梁，使理论教育与技能培养有机结合，使职业教育与产业发展有效对接，使专业学校培养的人才更加符合企业的实际需求，加速了学生身份到员工身份的转换过程。同时在转换的过程中，有学生熟悉的教师的参与，可以使学生在这个过程中从技能到心理都能得到指导，减少了这个时期学生的心理问题的发生概率。

作为一所有着60多年办学历史的老牌国家级重点中专学校，武汉市财政学校自2015年成功完成国家中职示范学校建设任务后，便致力于谋求适合学校专业特点的现代学徒制校企合作方式，着力提升办学质量和发展内涵。物流服务与管理专业是武汉市财政学校的重点专业，也是湖北省省级特色专业，该专业立足武汉市现代物流业仓储与配送方向，引领产业、服务产业，始终坚持产教融合、校企合作之路。学校采取工学结合的培养模式，体现“做中学、做中教”的职教特色，与企业深度合作，采用滚动轮训的培养模式，有大道物流、中百物流、九州通等实训基地。

2016 年，把武汉市财政学校物流服务与管理专业学徒制项目作为物流行指委组织的首批现代学徒制试点项目之一的这一申请获得了批准。

二、项目探索与实践

1. 选取合适企业，为项目实施打下基础

九州通医药集团股份有限公司（以下简称九州通）享有中国民营医药商企“第一字”的称号。2016 年，九州通被认定为中国 4 家已经实现全国性布局的医药流通企业之一，也是其中唯一的民营企业，也是中国医药流通领域最大的民营企业。另外，九州通民营企业的身份和它那夹缝中求生的意志，催生出九州通不一样的企业文化。而正是基于九州通在行业的地位，以及特殊的企业文化——“家”文化吸引了我们与其合作。

九州通的总部在湖北省武汉市汉阳区龙阳大道，大面积的工作区域被打造得像住宅小区一样。这里的员工可以免费享受公司自建的图书馆，免费在这里吃住。它欢迎夫妻、兄弟、父子一家人都到这里工作，它充分解决每一位员工的后顾之忧。每个人都在这里为自己的“家”而工作。就是这样优厚的待遇培养出了员工的忠诚和敬业。九州通员工的零差错率在这里极为平常，员工的勤奋和服务的专业性常常感动客户。九州通董事长刘宝林曾经说过：“我们九州通绝不主动解雇任何一位员工，员工不能胜任岗位或者犯了错误，我们会进行教导或者调岗。”这种管理方式充分体现了家庭内的平等与民主。正是这种“家庭式”的温暖和祥和，使员工拥有了强烈的归属感。

这样的企业文化无疑对初入职场的学生是有益的，“家”一样的企业氛围也可以让学生在初入职场时，得到更多的正能量与归属感，学会如何尊重与谅解他人。

2. 岗位轮换，让学徒体验更多的职业岗位

国务院办公厅印发的《职业技能提升行动方案（2019—2021 年）》中提出，到 2021 年年底，我国技能劳动者占就业人员总量的比例为 25% 以上，高技能人才占技能劳动者的比例为 30% 以上，以逐渐扭转我国人才掣肘的局面。在九州通，技能劳动者占企业职工比例为 60% 以上。在这种利好的企业背景下，学生能从企业师傅那里学到更多的应用型技能，技能水平也能够得到更好的提升。

2016 年 9 月 19 日学徒进入企业后，企业结合了自身的生产实际自主确定了培养对象，并提供中药组、电商组、复核组、器械组、冷链组、退货组六个部门的包装、收

货、验货、扫描、拣货、退货、装车、采购、上架、搬运十个工作岗位让学生进行跟岗实习。每一个工作岗位都指定了专业技术娴熟、理论知识丰富、安全意识高的企业导师，对学徒进行核心素养、专业知识与操作技能指导。每个岗位学习一周，然后轮换到下一个岗位。

这样安排的目的是让学徒在有限的时间内接触更多的岗位，了解企业的整套工作流程，并且让学生学会从全局来考虑问题，也为学生今后的职业选择提供更扎实的基础。

3. 学生甄选过程

让学生提前去企业，无非是以下几个目的：①理论和现实联系起来，把理论运用于实践。在实践的过程中，才能检验自己专业知识的掌握情况，找到自己的不足和短板。②提前体验真正的社会、真正的职场，在现实中磨炼自己，去适应社会。③增加阅历，为自己将来的面试积累资本。但如果进入学徒制的学生当前还不具备入职的条件，如心理素质差，还没有学会顺畅地与人沟通交流，甚至思想极端，那我们的所有安排和付出都会白费。因此在这之前，对学生进行甄选，剔除完全不能胜任的学生，推荐出满足条件的学生。

我们对自愿参加学徒制的学生，进行了两轮选拔，最终确定入选名单。第一轮是进行学生岗前适应性测试，第二轮则是企业面试。其中，学生岗前适应性测试问卷（见表 5–8 和表 5–9）是我们这次的一个新尝试。这次的学生岗前适应性测试主要以问卷的形式完成。问卷主要包括两个部分，一个部分是对学生心理承受能力的测试，另一个部分是对学生团队合作意识的测试。

表 5–8　　学生岗前适应性测试问卷（第一部分）

第一部分（请在最符合你心意的选项中打“√”）		
1. 有人莫名其妙地谩骂了你一顿，你会	A. 头脑清醒，冷静而适度地予以回击 ––––1 分	
	B. 一下蒙了，过后才去想当时该如何进行反击 ––––5 分	
	C. 在当时就还了几句，但切不中要害 ––––3 分	
2. 要举行演讲比赛了，你在家里练习演讲的姿态、表情、条理性及准确性与你在班级演讲相比怎样	A. 基本没什么差别 ––––1 分	
	B. 说不准，看具体的情况而定 ––––3 分	
	C. 显然要逊色得多 ––––5 分	
3. 你到外地出差或旅行，住进旅馆，睡在陌生的床铺上，你会	A. 失眠得厉害，连换一种睡眠姿势、换一个枕头也会引起新的失眠 ––––5 分	
	B. 有时会失眠 ––––3 分	
	C. 和在家感觉没什么差别 ––––1 分	

续　表

第一部分（请在最符合你心意的选项中打“√”）		
4. 学校的作息制度更改，你会	A. 在相当长一段时间内发生紊乱 ----5 分	
	B. 起初的两三天感到不习惯 ----3 分	
	C. 很快就习惯了 ----1 分	
5. 你急着去学校，中途却被拥挤的交通所阻，你会	A. 变得急躁不安，同时想象老师恼火的样子 ----5 分	
	B. 设想老师会体谅你是不得已而迟到 ----1 分	
	C. 很着急，但想想急也无益，干脆不去想它 ----3 分	
6. 只有在安静的环境中，你才能读书，周围吵闹时你便会分心吗	A. 是的 ----5 分	
	B. 看吵闹的程度而定 ----3 分	
	C. 不，只要不是跟我吵，仍能专心读书 ----1 分	
7. 参加一个全是陌生人的聚会，你会	A. 先喝点饮料让心情放松一下 ----5 分	
	B. 有时感到不自在，有时又能从这种状态中摆脱出来，与人相叙甚欢 ----3 分	
	C. 立即加入最活跃的一群，热烈交谈 ----1 分	
8. 你要用的重要资料不翼而飞了，这时你会	A. 急忙把那些可能的地方找一遍 ----3 分	
	B. 心情暴躁地东翻西找 ----5 分	
	C. 不动声色地对最近一段时间的行为做一番仔细回顾 ----1 分	
9. 尽管你尽了最大努力，但学习效率总不如别人高，是吗	A. 对 ----5 分	
	B. 说不上 ----3 分	
	C. 不是这样的 ----1 分	
10. 你事先给一位同学打电话说要去他那里玩，他答应了。可当你如约前往时，他却又出去了。这时，你会	A. 有些不满，但既来之则安之 ----3 分	
	B. 嘀咕不已 ----5 分	
	C. 充分利用这一空当，为自己下一步要做的事计划一番 ----1 分	
11. 当一件非你分内的事情交到你手里时，你会	A. 试着自己处理 ----1 分	
	B. 装作没看见，随便谁去处理 ----3 分	
	C. 找个理由推给其他人去处理 ----5 分	

备注：第一部分测试学生的心理承受能力。并且在正式的测试卷中是不出现分值的。

20 分以下：心理承受能力强。

21 ~ 48 分：心理承受能力一般。遇到比较重大的事情，适应时间可能会较长。

49 ~ 75 分：承受能力差。面对变化，无所适从，遇事难以应对。

表 5-9　　学生岗前适应性测试问卷（第二部分）

第二部分（请在最符合你心意的选项中打“√”）		
1. 当你因为某一个问题而与别人争论不休时，你会	A. 顽固地坚持自己的看法 ----3 分	
	B. 再试着沟通一下彼此的想法 ----2 分	
	C. 请旁观者评判 ----1 分	
2. 当你做了一件错事，不巧被别人发现了，你会	A. 主动承认错误 ----3 分	
	B. 拒不承认 ----4 分	
	C. 找很多合理的借口来掩饰 ----2 分	
	D. 一股脑儿地把责任推掉 ----1 分	
3. 假设你和同伴去郊游，饥渴难耐时，看见一棵挂满果实的苹果树，你会	A. 叫上同伴一起去摘 ----4 分	
	B. 先自己解渴后再说 ----2 分	
	C. 让同伴去摘 ----3 分	
	D. 只叫上最好的同伴 ----1 分	

备注：第二部分测试学生的团队合作意识。并且在正式的测试卷中是不出现分值的。

11 ~ 12 分：有与人沟通的习惯，比较适应团队工作。

9 ~ 10 分：容易与他人合作，比较容易融入新的环境。

6 ~ 8 分：不发表自己的意见，会让人感到对工作不够重视。

3 ~ 5 分：对自己很有信心，有主见，有时会显得有点自大，在人际交往方面可能会出现问题。

三、项目成果与收获

1. 全视角开发课程

学徒制项目实施关键之一是确定学徒在企业学习课程的内容，学校通过对九州通一线储备干部的调研，在导入企业指导下，根据九州通工作岗位实际需求，结合学校学生实际情况，确定了学徒八个学习单元的学习内容，分别是“对企业做出有效贡献”“提升客户满意度”“物流作业中维持健康与安全”“保持工作区域清洁”“拣货”“包装货物”“处理退货”“在物流作业中操作设备的工作要求”。每个单元含 7 ~ 8 个知识点及 7 ~ 8 个技能点。每个单元知识点与技能点均涵盖了岗位所需要的职业素养及作业所需要的应知应会。

学徒对知识点与技能点的学习需进入企业，在企业导师的指导和帮助下完成学习内容并向学校评估师逐条提供学习证据。该课程基于企业生产实际课程内容开发，促使教师深入生产一线全过程、全视角观察生产作业过程，从日常生产作业实际中提炼学习内容。融职业素养教育于日常工作行为规范中，在重复训练中养成遵章守纪的习惯。

2. 变换角度，用发展的眼光看待学生

从学生到准员工，学徒在项目实施过程中得到了成长。学徒刚进入企业时，怨声载道，不适应企业工作生活环境、不知道如何与企业导师及员工交流、不知道如何开始学习、操作技能差，甚至出现了打退堂鼓的现象。在评估师和企业导师的指导与帮助下，他们慢慢适应了企业的生活和学习，学会了主动想办法收集和提交证据，学会了在工作中如何与他人交流，学会了工作技能，也懂得了感恩，同时技能的提高使得学徒的自信心得到了很大提升。在总结会上，学徒的一句句感谢，是评估师和企业导师最大的收获。

学生是未成年人，是发展中的人，给他们合适的教育和引导，他们的潜力是无限的。在学徒制项目中，这些学徒不仅知识和技能有所提升，而且思想、行为、习惯都有变化。通过学徒制项目，教师看到了学生的变化，坚定了要用发展的眼光看待学生的信念，更加相信学生的发展潜力，为后期的学生管理工作开拓了新的思路。

3. 扩宽了教师教学思路

参与现代学徒制为评估师的日常教学和教学评价提供了新的思路。学徒制的评价方法新颖、科学，能够充分调动学徒的积极性，学徒自己寻找证据证明自己符合标准条文的要求，对于不会的标准条文，求知欲很强。

评估师通过学徒制项目学会了这些评价方法，并将其引入日常教学和评价中，对于合适的内容采用学生提交证据证明的方法进行考核，这激发了学生的自主能动性，学生的学习动力变强、积极性增加，学徒制项目取得了良好的效果。

4. 加深了校企合作程度

通过学徒制评估师了解了企业的实际工作流程、工作要求以及对员工的要求。为我校今后的人才培养提供了方向，在这个过程中，我们也在不断地修订人才培养方案，争取培养出更适合企业的准员工。

企业方从学徒制项目开始时的不够重视、试一试的态度，到意识到通过学徒制可以为企业快速培养准员工，到后来企业方给予大量的支持，为更加深度的校企合作奠定了基础。同时，学徒制的培养方法也给企业的人才培养提供了新的思路。

学校和物流企业之间合作的开展使得双方的利益实现最大化，既解决了实践场地的问题，也减轻了招工负担。所以现代学徒制人才培养模式能够让学校和企业之间各取所需、互惠互利、实现双赢。

四、结语

在第三届心理行业发展促进大会上，东北师范大学心理学院教授、心理健康教育研究中心主任刘晓明教授发布了《中国中小学生心理健康发展报告（2019）》（以下简称《报告》）。《报告》中指出，我国中小学生整体心理健康状况良好，但也会在外界不良刺激影响下出现一些典型的心理问题，有将近1成的中小学生受到了心理问题的影响。中小学生群体存在心理适应不良的比例大概为44.7%。其中，53.3%的中小学生存在社会适应困扰。而在社会适应方面主要问题是生涯发展困扰（76.5%）。我们是学生的引路人，不仅要引导学生在学习知识的道路上越走越远，也要引导学生身心健康发展。

习近平在全国教育大会上强调，坚持中国特色社会主义教育发展道路，培养德智体美劳全面发展的社会主义建设者和接班人。我们不能忽视孩子们在成长道路上的困扰，要有针对性地帮助他们顺利适应社会，快速融入工作岗位中，也要注重对学徒职业道德的培养和职业规划的指导。

另外，我们不能忽视与优质企业关系的维护，要让企业多受益。现在武汉已进入企业新型学徒制时代，旨在引导企业建立技能人才工作新机制，以“招工即招生、入企即入校、企校双师联合培养”为主要培养原则。据了解，目前还有超过15家在武汉的企业正在与武汉市相关职业院校对接，将尽快引入企业新型学徒制，为企业培养更贴合时代发展需求的人才。企业是推进现代学徒制的关键主体，当企业发现最终获得的收益与成本投入不相匹配时，就可能会减少投入或终止合作。

在学徒制探索的道路上，我们都是同路人。路漫漫其修远兮，吾将上下而求索。

参考文献：

[1] 詹晓娅. 现代学徒制物流管理的研究[J]. 中国市场，2019（33）：159-160.

[2] 魏波. 现代学徒制项目探索与实践——湖南现代物流职院与安吉智行物流合作案例[J]. 物流工程与管理，2018（10）：183-185.

[3] 王国玲. 基于“现代学徒制”人才培养模式研究与实践——以长春职业技术学院物流管理专业为例[J]. 花炮科技与市场，2019（3）：103-104.

现代学徒制推进物流专业“四特色三服务”的国际化专业建设的研究与实践

天津市第一商业学校　张齐

一、针对的问题

“十三五”时期，天津正处在京津冀协同发展、自由贸易试验区建设、自主创新示范区建设、“一带一路”倡议、滨海新区开发开放五大战略或倡议叠加的历史新起点，天津更是定位为北方国际航运核心区，天津的物流产业面临规模化、开放化和国际化。我校物流管理专业是国家级骨干示范校建设重点专业之一，拥有中专、三二衔接和五年一贯制三种办学业态，年招生规模200人。2014年“物流服务与管理专业‘多层交互式’人才培养模式的研究与实践”荣获国家级教学成果一等奖，具有良好的专业建设与发展基础。2016年，我校物流专业借助天津市提升办学能力项目的支持，重点开展了物流专业的现代化和国际化水平建设，引入了现代学徒制项目，探索校企合作育人的同时，将英国先进物流职业标准和评估体系引入专业建设之中，提升物流专业国际化建设水平。

二、破解的思路

我校将现代学徒制导入的项目调研、引入实施、深化拓展作为一项系统工程。物流专业以学校质量内涵提升工作为依托背景，以提升物流专业人才培养质量和物流专业建设水平为宗旨，以2014级五年一贯制物流管理专业学生现代学徒制校企育人项目为契机，以英国先进物流职业标准对接物流专业人才培养方案为重点，以系统化的学徒培养评估体系对接物流专业“成果导向型”课程改革为关键，以校企合作育人定制化实施为支撑，以物流专业师资队伍建设双师型国际化特色培养为保障，以“鲁班工坊”“一带一路”国际化项目建设为成果输出，系统实现我校现代学徒制推进物流专业建设不断提质培优、增值赋能。

三、具体的做法

（一）项目实施对标国际化标准

1. 调研论证

我们通过调研，了解到现代学徒制是将传统的学徒训练与现代学校教育相结合的一种企业与学校合作的职业教育制度。目前西方的现代学徒制分为两种典型类型，一是以德国“双元制”为代表的现代学徒制，二是以英国职业教育的学徒制度为代表的现代学徒制。这两种现代学徒制典型的特点是适用于不同的人才培养类型，从其适用的普遍性角度分析，前者适合于理工类人才培养，后者更适合于商科类人才培养。同时中英现代学徒制重点引入英国先进的物流岗位职业标准以及学徒培养的评估体系，这对于我校物流专业人才培养标准的提升有重要引领和推进作用，尤其是面对现代物流产业服务对象企业日益国际化、全球化发展趋势，更有利于提升我校物流专业现代化和国际化建设水平。

通过调研中国物流与采购联合会——首批现代学徒制试点单位和行业试点牵头单位，走访调研全国物流职业教育教学指导委员会相关专家，并召开物流专业提升现代化和国际化水平建设项目论证会，通过政府招标采购，最终选择环众软件（上海）有限公司——一家具有丰富的职业院校和企业现代学徒制项目导入和实施经验的公司，具体指导我们如何导入英国国家职业标准（NOS），并与合作物流企业实际岗位知识和技能相结合。

2. 引入实施

在前期调研、论证的基础上，我校结合自身实际引入并实施了现代学徒制项目。首先，我们选择与项目实施指导公司——环众软件（上海）有限公司有良好现代学徒制校企合作关系的北京顶通物流有限公司天津分公司，实施该项目，重点在仓储管理相关岗位上，培养学生物流岗位实践技能。其次，我们选择了中高职衔接物流管理专业四年级的一个班级作为现代学徒制项目的试点班，将该班学生分为两大组，轮流组织学生赴合作企业——北京顶通物流有限公司天津分公司开展了现代学徒制项目企业实践。最后，我们将7位物流专业教师作为评估师培养对象，重点掌握先进的英国国家职业标准和北京顶通物流有限公司天津分公司的企业岗位知识和技能，打造“双师型”教学团队。

3. 项目启动

首先依据英国国家物流仓储岗位职业标准以及企业岗位要求，学校和第三方咨询公司到合作企业共同商定项目中学生应学习的单元内容，从英国国家物流仓储岗位22条职业标准中选取了最符合合作企业要求的6个标准作为学生企业实践过程中必须掌握的单元标准并具体实施。

然后，第三方辅导机构环众软件（上海）有限公司为我们现代学徒制项目参与的师生进行了评估师及学徒培训，重点让评估师掌握英国先进的国家职业标准和取证的方法及设计技巧以及到企业拜访流程及评估计划的设计与制订，让学生掌握物流仓储岗位职业标准和职业能力及如何用实际的企业实践证据来证明自己的能力和素质达到企业标准、国家标准，为项目系统实施奠定良好基础。

4. 系统实施

企业根据岗位特点，安排仓管岗、制单岗、调度岗三个岗位，每个岗位安排企业导师，企业导师根据北京顶通物流有限公司天津分公司具体工作流程和标准指导学徒完成具体工作任务，提高学徒岗位实践技能。评估师需要每周一天去企业评估学徒，其余时间自己学习英国国家职业标准，完成评估师作业及学徒证据的审核与反馈，及时指导企业中的学徒。同时评估师与学徒要及时在现代学徒制项目平台上上传证据等资料，并定期接受内审员的评估和反馈，召开标准化会议，研讨一周内评估师遇到的问题，与校企领导定期召开项目管理会议，由第三方外审单位进行质量审核。最后现代学徒制项目按期实施、结束后，校企召开项目总结会，学徒、评估师分别取得培训合格证书，并进行汇报和交流。

通过对2014级学生实施现代学徒制的校企合作人才培养，不仅提升了该班学生的专业实习就业对口率，同时学校在如何引入英国国家职业标准和评估体系并落实到学生实践技能培养方面，获得了典型实践案例操作经验，为我校物流专业国际化建设水平奠定良好实践基础。

（二）诊改推进国际化标准引领专业

2016年是学校“十三五”提升办学能力项目建设启动之年，我们通过现代学徒制项目导入了先进的英国物流职业岗位标准，但如何在“十二五”首批国家改革发展示范校等项目建设带来的多重提升的基础上，在“十三五”期间，不断下沉质量保证重心，提高专业建设和育人质量保证水平，亟待深入探索和实践。因此，学校以质量、内涵发展为主线，以教学诊断与改进工作为引领，走上质量兴校之路。2016年5月，教育部颁布《关于确定职业院校教学诊断与改进工作试点省份及试点院校的通知》（教职成司函〔2016〕72号），确定了我校作为全国27所中职学校之一，开展职业院校教学诊断与改进的试点工作，而中职教学诊改的首要任务是“构建中等职业学校教学工作自主诊断、持续改进的工作制度和运行机制”，落实到“专业”层面建设，我们首要工作是“目标链”和“标准链”的建设，依据教育部专业教学标准及中职学校各类设置标准，尤其是物流专业导入的现代学徒制项目，将英国国家职业标准和评估体系，融入2018级物流专业人才培养方案之中。在学校诊改机制的推进下，保障了现代学徒制项目引入的国际化标准成果不断深入对接到专业建设之中。2019年7月，我校进行全国职业院校教学诊断与改进试点校实验性复核，得到专家充分肯定，认为我校物流专业体现一定的国际化特色。

（三）评估方法引领“成果导向型”课改

在现代学徒制项目导入中，我们认为学徒培养过程的评估体系对于物流专业人才培养，尤其是对于课程改革，具有较系统的指导意义。企业导师和评估师可以运用侧重知识和侧重技能评价的两类评价方法，对学徒学习和实践成果、成效进行检验。物流专业人才培养的系统化工程既不是全部在企业中完成的，也不是完全在学校内完成的，而是大体遵循先学校，后企业的两个阶段培养，因此，我们认为对于物流专业基础课程，尤其是校内开设的专业课程，可以借鉴中英现代学徒制的“证据”思想，通过任务驱动、案例教学等行动导向教学法，实现“成果导向型”课程改革。2018年，根据物流专业人才培养方案，探索现代学徒制评价方法的物流专业课程改革实施，先后在“仓储管理实务”“物流服务营销”“物流地理”等课程改革中，实施评估方法引领的“成果导向型”课改，使学生在课堂学习中更有获得感，如表5–10所示。

表5–10　　物流专业课“成果导向型”课改

序号	课程名称	具体做法	主要证据类型和形式	图片及照片样例
1	仓储管理实务	注重学生仓储管理理论知识的学习，教师利用课程教学平台，收集学生掌握并表述核心专业知识的视频资料	将视频上传至课程教学平台	 样例：学生讲解中心法选址，自制演示模型

续 表

序号	课程名称	具体做法	主要证据类型和形式	图片及照片样例
2	物流服务营销	注重学生物流服务营销相关岗位工作流程和内容的设计及模拟操作，收集学生个人和团队的训练任务等证据资料	（1）在易企秀平台进行微信营销；（2）在课程教学平台上传训练任务活页	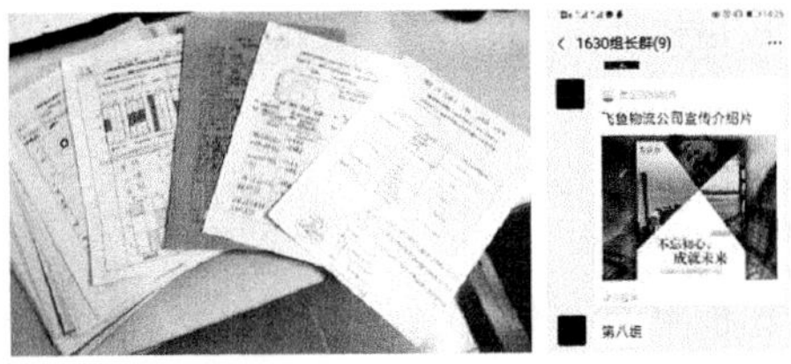 样例：学生提交的针对物流营销岗位工作内容设计的训练任务活页
3	物流地理	注重学生掌握物流地理课程的港口、路线等知识内容，收集学生相关物流地理地图及路线、港口、物资流向等训练任务的实训报告证据资料	在课程教学平台上传训练任务活页	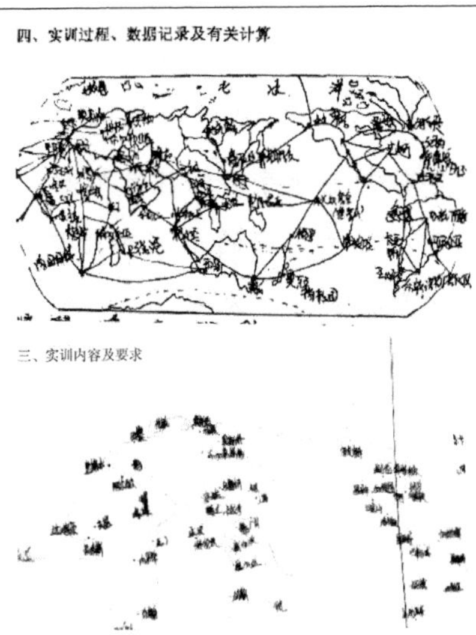 样例：学生提交手绘世界地图，并标注世界主要航线和港口

在上述的校内专业课改革中，现代学徒制的评估体系主要发挥三方面作用：一是引导学生适应企业实际工作中基于岗位目标导向的知识、技能和素质一体化的人才培养需求，引导学生习惯在学习课程后，能够及时展示自己掌握相关知识、技能的各类“证据”，并在对“证据”资料整合、处理的过程中，强化信息素养的养成；二是引导教师课程教学中，关注教学质量，关注教学实施后的教学成果的形成，培养教师职业教育教学的成就感，关注课程教学评价的综合性，对接企业实际需要的学生掌握的知识、技能和素质的同步化评价；三是促使专业教师作为未来的企业评估师，更熟练掌握学徒评估的技能，不断提升“双师”素养。正因为现代学徒制评估体系体现了基于物流岗位实际工作中对知识、技能和素养一体化的评估，所以发现传统的教材存在一

定的不适应，要么理论知识讲授过多，技能培养方面不足，要么理论和实践内容孤立，没有有机融合，需要教师开发基于物流岗位实际的训练任务型活页学案，目前我校现代学徒制项目导入后，已经形成“仓储作业实务”“物流服务营销”“物流地理”“物流企业管理”4门物流专业课程的活页学案，并在教学中应用。

（四）校企合作定制特色

我校校企合作定制特色体现在“面向大众就业需求”“面向大赛精英培养”两方面。首先，前者主要通过对天津物流企业调研，面对天津北方国际航运核心区的定位，我们为2015级五年一贯物流专业学生选择了货代类企业开展校企合作人才培养，通过开设校企订单班，40名学生参与惠★国际货代有限公司的校企合作过程，在国际货代岗位实践能力方面获得提升，最终15名学生到该企业或同类企业进行顶岗实习。学校借鉴现代学徒制企业导师和评估师对学徒培养的评价模式，运用顶岗实习管理平台，强化了对学徒培养过程的跟进和监督。其次，后者是为了强化国际物流方向人才培养，我们以世界技能大赛为契机，引入合作企业，让企业导师和学校教师共同指导，强化学生岗位实践能力培养，2019年我校参加世界技能大赛货运代理项目比赛的两名选手，分别获得天津市选拔赛区的一、二等奖，其中一名选手进入之后的国赛选拔角逐。

（五）专业群共享特色

物流专业引入现代学徒制项目后，提升了物流专业国际化水平，2019年物流专业面对现代物流产业升级发展需求，强化物流信息技术方向人才培养，在与信息类专业组建的商用技术中，全面开启现代学徒制校企合作人才培养模式改革，2019年10月，“基于现代学徒制下‘深融合、全过程、高质量’信息技术类人才培养模式的研究与实践”获得天津市教学成果奖重点培育项目，为2022年系统形成建设成果奠定坚实基础。

四、取得的成效创新之处

我校物流专业导入现代学徒制项目后，在学生就业质量提升，服务天津物流行业企业发展，服务师资队伍成长，以及服务“一带一路”倡议发展方面取得较为明显的建设成效。

（一）服务行业企业发展

通过校企合作的现代学徒制导入，提升了物流专业学生岗位实践技能，使学生在实践中掌握国际物流职业标准和规范，成为紧密对接物流企业岗位的技术技能人才，提高物流学生专业对口就业率和满意度，为天津市现代商贸物流服务输送仓储、运输、货代类技术技能人才，2014 级五年一贯制学生毕业率为 96.15 %，初次就业起薪为 2671 元，近五年均有学生在天津市技能大赛中获一、二等奖，并获得就业企业的高度评价。

（二）服务师资队伍成长

通过现代学徒制项目的校企深度合作，开拓了物流专业教师的国际化教学视野，打造了一批掌握英国国家职业标准和物流岗位知识及技能“双师型”师资教学团队，1 名教师荣获“物流职业教育教学名师”称号和“天津市优秀教师”称号，5 名教师指导学生参加物流技能大赛、货代世界技能大赛选拔赛获得一、二等奖，5 名物流专业教师参与 2018 年两项教学成果申报，分别获得 2018 年天津市和全国教育成果奖二等奖，2019 年 10 名教师参与 2 项天津市教学成果奖重点培育项目，均获得立项，物流专业教师逐渐成长为专业教学能力和岗位实践能力均过硬的“双师型”教师。

（三）服务“一带一路”倡议

我校物流专业依托国际化专业建设，已成为天津市品牌专业，2019 年通过参与非洲第一个“鲁班工坊”项目建设，向吉布提输出先进的物流职业标准、物流专业人才培养方案、物流实训教学标准、物流软硬件设备和技术等，并为其开展物流师资队伍培训，将基于现代学徒制校企合作人才培养模式和课程、教材等，服务于“一带一路”倡议之中。

未来我校物流专业将围绕深化现代学徒制校企合作，深化“专业发展诊改特色、课改成果导向特色、校企合作定制特色、专业群共享特色”的实践，实现服务行业企业发展、服务师资队伍成长和服务“一带一路”倡议的国际化物流专业建设，实现“提质培优，增值赋能”。

基于英国学徒制标准的物流管理“1+X”证书制度融通培养实践
——湖北城市建设职业技术学院物流管理专业现代学徒制实施案例

湖北城市建设职业技术学院　李方峻

湖北城市建设职业技术学院是教育部第三批现代学徒制试点院校，学校物流管理专业作为试点专业，一直在探索实施现代学徒制人才培养模式。我们在实施过程中，引入第三方辅导机构环众软件（上海）有限公司，按照英国现代学徒制标准实施物流管理专业现代学徒制人才培养，并结合物流管理“1+X”证书制度试点工作，探索实践了现代学徒制人才培养和高职物流管理“1+X”证书制度试点融通培养的路径和方法。

一、人才培养实践中出现的问题

（一）学校物流管理专业建设的基础

湖北城市建设职业技术学院物流管理专业起始于湖北省物资学校物资经营管理专业和物资储运专业，自2006年开始招收大专层次学生，已为社会培养物流专业人才近3000人。目前物流管理专业是国家骨干专业、湖北省级特色专业，是教育部第三批现代学徒制试点专业。专业团队通过不懈努力，2013—2019年共获得6届湖北省职业院校技能大赛高职组现代物流作业方案设计与实施赛项一等奖，并获得2017年全国职业院校技能大赛高职现代物流作业方案设计与实施赛项一等奖，2018年获得该赛项全国三等奖。我校是湖北省高等教育学会物流教育专业委员会主任单位，中国物流学会第六届第一批产学研基地，中国物流与采购联合会、全国物流行指委物流现代学徒制培养基地。

（二）人才培养中遇到的问题

教学团队从2010年开始探索校企合作办学模式，与多家大型商业物流企业签订了订单班合作协议，至2016年实现了物流管理专业订单班全覆盖。但是在校企合作、产教融合工作中，我们遇到了一些问题。

（1）订单班教学实践过程中，我们发现企业和学校对人才培养的目的和关注点有很大差别。学校的培养目标是让学生成人成才，职业生涯不断进步。企业关注的是用人需求，希望学校的学生能够在企业需要人员的时候到企业工作，但是对学生的职业生涯规划和学生成人成才并不关注。这种差异直接体现在学生到企业后不适应企业工作环境和制度，离岗率高；学校组织学生参加顶岗实习，学生对顶岗实习企业排斥，频繁跳槽，造成学校实习就业管理困难。

（2）现代学徒制实施工作中，校企合作紧密度不高，导师队伍指导能力不够，对现代学徒制理解不深不透。针对校企合作订单班实践中出现的问题，我们决定升级校企合作，深化产教融合。2017年，教学团队开始实践现代学徒制人才培养模式。但是在实践中，我们发现现代学徒制的实施实际上就是订单班教学的简单延续，与现代学徒制提出的双主体育人差距甚远。

（3）物流管理“1+X”证书制度试点工作中，课程体系和课证融通培养工作需要不断探索深入。在实施现代学徒制人才培养模式过程中，我校成为物流管理“1+X”证书制度试点工作首批院校。如何解决基于现代学徒制人才培养模式的创新性地实施物流管理“1+X”证书制度试点工作成为摆在我们面前的一个难题。

二、破解的思路

为了解决我们在“产教融合校企合作”和物流管理“1+X”证书制度试点实践中发现的问题，教学团队在经过思考和研究后，决定从以下方面破解难题。

1. 寻找志同道合的合作企业

校企合作共赢的基础是志同道合。我们在寻找合作企业时把握以下几点：一是企业规模较大，是行业内位于前列的企业；二是企业可以提供足够的岗位数量和多种岗位供学生实习、就业；三是企业领导者和企业文化重视校企合作，并对人才培养和晋升有非常明确的规划。

2. 寻求针对实施现代学徒制的指导帮助

团队在实施现代学徒制试点过程中，深感学深、悟透现代学徒制人才培养模式，不能停留在对文件、论文的学习和解读上，必须紧跟世界先进的职教理念和学徒培养办法，站在高处才能看得更远、走得更实。

3. 建立一支优秀的学徒制培养团队

现代学徒制人才培养模式的关键是有一支校企联合组建的导师（师傅）团队。学校导师应该具备双师技能，既能够教授专业理论知识，更能够成为岗位技能指导的能手；企业师傅不仅是技能熟练的专家，也应该是熟悉教育学生方法和得到学生信任的老师。

4. 分析基础条件，制定融通培养的课程体系和实施办法

分析实现基于现代学徒制人才培养模式的物流管理 1+X 证书制度试点的基础条件，制定融通培养的课程体系和实施办法。

现代学徒制是以校企合作为基础，以学生（或者学徒）的培养为核心，以人才培养计划中的教学课程和实践教学环节为纽带，以学校、企业的深度参与和专业教师、企业导师的深入指导为支撑的人才培养模式。因此，在物流管理“1+X”证书制度实施工作中采用现代学徒制人才培养模式必须具备实施融通培养的师资力量、融通培养

课程、物流管理“1+X”证书考核可以认定的证据和成果。通过思考，我们认为创造条件、完善实施路径是可以完成融通培养工作的。

三、具体的做法

（一）拓展校企合作模式，摸索实施现代学徒制试点工作，选择合适的合作伙伴

教学团队在校企合作工作中采取走出去和引进来的方式深化与企业的合作。一方面，系部领导和教师利用学生认知实习、顶岗实习检查和企业调研等机会，加强与企业的深入交流和沟通。另一方面，通过毕业生招聘会、企业到校举办讲座、订单班奖学金颁发等方式邀请企业到校交流和沟通。我系还在了解企业困难和需求的基础上，结合职业教育学生职业素养培养的需要，进一步深化产教融合，通过共同制订人才培养方案实施工学交替人才培养模式，在完善学生实习体系方面加强与企业的合作，为实施现代学徒制人才培养模式打下良好的基础。

教学团队在教育教学改革工作中积极探索现代学徒制人才培养模式。团队与武汉苏宁物流公司密切合作，签订了初步的现代学徒制培养协议，共同培养苏宁学徒制学生。通过多次沟通和磨合，坚定了选择苏宁物流公司作为学徒制合作伙伴的决心。

（二）引入第三方辅导机构，提升实施现代学徒制的能力，顺利实施现代学徒制试点工作

2018 年，我校被列为全国第三批学徒制试点院校，物流管理专业是学院现代学徒制试点专业之一。

学校物流管理现代学徒制教学实施团队，在过去探索实施现代学徒制人才培养模式基础上，引入第三方辅导机构——环众软件（上海）有限公司，通过导入英国学徒制培养标准实施物流管理专业现代学徒制试点项目，实现了学徒培养与国际标准接轨，将校企协同育人推向了新的高度。

1. 校企联合组建工作小组，探索校企双主体育人机制

成立由企业领导和系部领导任组长，企业导师、学校评估师和工作人员为成员的现代学徒制工作小组，全面组织实施现代学徒制试点工作，积极探索校企双主体育人机制。

2. 组建现代学徒制试点班，签订三方协议书

通过学院宣传、企业宣讲、学生报名、企业面试、确定名册、签订协议等工作步骤，学校在物流管理专业中选择个别班级成为苏宁现代学徒制班。所有学徒制培养学生签订了现代学徒制校企合作协议书和现代学徒制三方协议书。

3. 校企共同开发人才培养标准，完善人才培养制度

基于企业调研，以苏宁物流公司典型工作过程的专业课程体系为基础，借鉴英国现代学徒制标准，根据专业课程和校企合作企业方的岗位角色定位差异分析，探索由学院、合作企业及项目内审机构共同开发学徒制课程框架，确定课程教学内容，开发教学、评估材料和工具包，探索构建课程内容与岗位（职业）标准对接、教学过程与工作过程对接的具有本土化特色的物流管理专业课程体系。

4. 校企互聘师资，成立双导师团队

根据校企双方共同制定的《现代学徒制“双导师”教师管理办法》，学校挑选了教学经验丰富、能力突出的骨干教师担任学徒评估师，企业挑选了年轻有为的基层骨干担任学徒的企业导师，组建了专兼结合、优势互补的现代学徒制导师团队。

5. 建立第三方评价的质量监控体系，实现规范化管理

邀请中国物流与采购联合会作为外审机构对现代学徒制试点人才培养过程进行质量监控和评价，实现学徒培养的规范化管理。每个星期，评估师都要深入企业一线了解和检查学徒的学习和工作情况，并布置下周的学习任务；环众软件（上海）有限公司内审员每周会对学徒提交的学习证据和评估师工作进行检查，并通过召开视频会议、在线交流等方式进行反馈；内审员每个月还须深入现场检查评估师和学徒的学习情况；同时还要接受外审机构的定期检查。通过层层审核、层层把关，能有效保证学徒的培养质量。

通过校企共同的努力，现代学徒制试点工作进展顺利。该项目于 2019 年 6 月顺利通过中国物流与采购联合会第三方评估检查，学校也成为中国物流与采购联合会和全国物流职业教育教学指导委员会物流现代学徒制培养基地。

（三）结合物流管理“1+X”证书制度试点，探索新的现代学徒制培养模式，实施现代学徒制与物流管理“1+X”证书认证融通培养

物流管理“1+X”证书制度考核的依据是《物流管理职业能力等级及要求》。物流管理职业技能等级认证教材是物流管理“1+X”证书制度学习的主要材料。通过研究物流管理职业技能等级认证教材（中级）教学内容，根据学校物流管理专业现代学徒

制人才培养方案，制定了融通培养教学体系，形成了高职物流管理专业现代学徒制融通培养课程体系对照表；制定了校内授课和企业实践的教学内容，形成了融通培养的课程体系。

我们在现代学徒制人才培养过程中结合高职物流管理专业学生要获得中级的职业技能等级证书，将学徒制培养学习成果转化成物流管理职业技能等级要求认可的成果形式。

我们在现代学徒制试点实践中，将学生教学计划中的认知实习、跟岗实习、顶岗实习分别分配到高职学习的第 1、3、5、6 四个学期中，通过多轮次工学交替，学校评估师、企业导师对照物流管理职业技能等级认证培训内容共同培养学徒制学生。

物流管理职业技能等级（中级）证书认证考核分为基础考核、综合应用考核、实操考核三部分。我们在实践中，通过校企合作对学徒学生实施现代学徒制培养后，通过提交包含文本、录音、录像、报告、证书等形式的学习成果，经过北京中物联物流采购培训中心认定后，可以免考实操考核部分内容，相关学徒制课程也可以置换部分证书考核教学培训内容，初步实现了物流管理“1+X”证书制度和现代学徒制人才培养工作的融通培养。

四、取得的成效及创新之处

1. 深化了校企合作，形成了双主体育人模式

校企双方基于深厚的合作关系，通过双向选择遴选了学生进入苏宁智慧物流学徒制班，签订了现代学徒制培养三方协议。校企双方共同制订人才培养方案，共同实施人才培养工作，共同考核学生学习成果，通过合作共赢真正实现了双主体育人。

2. 形成了评估师—企业导师—学徒培训模式，培养了双师型教师

在现代学徒制试点工作中，我校在实施现代学徒制试点工作中，通过校企密切沟通合作，确定了实施现代学徒制人才培养的评估师（指导教师）和企业师傅人选，并确定了学徒制培养岗位。在中国物流与采购联合会参与评估下，校企双方通过实施现代学徒制培养，培养了多名评估师、企业导师，逐步建立了评估师—企业导师—学徒培训模式，多名教师和企业师傅成为双师型教师。

3. 按照英国学徒制标准开发出符合企业需求和学校教学要求的本土化学徒制项目学习框架和标准

教学团队在环众软件（上海）有限公司指导下，与苏宁物流公司联合开发了基于

英国学徒制标准的学习框架，根据学徒制合作企业苏宁物流公司的岗位标准和作业流程，制定了学徒单元标准、单元综合练习册、核心技能练习册等。该标准将成为现代学徒制试点培养的纲领性文件，对保障学徒制培养质量至关重要。

4. 深化现代学徒制实施工作，探索尝试了基于学习成果的认定、积累与转换的物流管理“1+X”证书认证制度

我们在高职物流管理“1+X”证书制度实践过程中，将基于现代学徒制的“校企合作、工学交替”的人才培养模式融入证书培训和教学过程。在融通培养中，按照职业技能等级标准和专业教学标准要求，将证书培训内容有机融入高职物流管理专业现代学徒制人才培养方案，将考证内容和教学内容有机结合，统筹教学组织与实施，提高了人才培养的灵活性、适应性、针对性。在融通培养实践中，我们积极探索尝试学习成果的认定、积累与转换，在考证过程中免修相应课程或模块，促进了学历证书与职业技能等级证书互通，为未来进一步推进建设符合国情的高职物流管理专业国家资历框架打下了坚实的基础。

附件　英国现代学徒制岗位标准

Unit 1：

Make an Effective Contribution to a Business in the Logistics Sector

Unit reference number：Y/601/9456

QCF level：2

Credit value：3

Guided learning hours：10

Unit summary

This unit is about understanding the organisation’s aims and procedures. It covers identifying individual and group targets，requirements and responsibilities. It is about helping colleagues and knowing how to communicate with others. It requires those working in the logistics sector to be aware of how they can improve their own performance.

This unit is relevant to all those working in the logistics sector who work both individually or as part of a team.

表 1

Learning Outcome	Assessment Criteria	Evidence type (Circle each type used) Ob- A/P- APL- EP- WT-CH-PS-Q-GD-LP-WB Observation. Assignment/Project. Accredited Prior Learning Examination of Works Product. Witness Testimony. Case History. Personal Statement. Questioning. Guided Discussion. Learner Presentation. Work Books	
		Evidence Reference Numbers	Date
1 Know how to make an effective contribution to a business in the logistics sector	1.1 Explain the relevant organisational policies and procedures, in relation to making an effective contribution to a business in the logistics sector that relate to : - health, safety & security - PPE - your work role - quality standards		
	1.2 Identify own reporting line and the work roles of Colleagues		
	1.3 Describe methods for improving personal work performance		
	1.4 Describe methods for identifying learning needs		
	1.5 Explain the importance of supporting colleagues and the difference it makes to productivity		
	1.6 Describe how misunderstandings and conflict in working relationships may be resolved constructively		

续 表

Learning Outcome	Assessment Criteria	Evidence type (Circle each type used) Ob– A/P– APL– EP– WT–CH–PS–Q–GD–LP–WB Observation. Assignment/Project. Accredited Prior Learning Examination of Works Product. Witness Testimony. Case History. Personal Statement. Questioning. Guided Discussion. Learner Presentation. Work Books	
		Evidence Reference Numbers	Date
2 Be able to make an effective contribution to a business in the logistics sector	2.1 Follow all organisational policies and procedures, in relation to making an effective contribution to a business in the logistics sector, that relate to : – health, safety and security – personal protective clothing – own work role – quality standards		
	2.2 Communicate effectively with others		
	2.3 Confirm tasks, priorities and responsibilities		
	2.4 Perform work tasks in ways that are consistent with good practice in the organisation		
	2.5 Ensure that : – personal appearance and hygiene – equipment – work area are maintained in accordance with organisational requirements		

续 表

Learning Outcome	Assessment Criteria	Evidence type (Circle each type used) Ob– A/P– APL– EP– WT–CH–PS–Q–GD–LP–WB Observation. Assignment/Project. Accredited Prior Learning Examination of Works Product. Witness Testimony. Case History. Personal Statement. Questioning. Guided Discussion. Learner Presentation. Work Books	
		Evidence Reference Numbers	Date
2 Be able to make an effective contribution to a business in the logistics sector	2.6 Identify own learning needs from feedback obtained from appropriate people		
	2.7 Agree a learning plan that is realistic, with an appropriate person		
	2.8 Promptly action requests from others that fall within own responsibility		

Unit 2:

Health, Safety & Security at Work

Unit reference number: K/502/1072

QCF level: 2

Credit value: 3

Guided learning hours: 20

Unit summary

This unit is for those who take responsibility for their own health, safety and security in the workplace, and monitor the workplace for hazards. The job role involves contributing to the safety and security in the workplace, taking action in the event of an incident, raising the alarm, following correct procedures for shut down and evacuation, using emergency equipment correctly and safely, and monitoring the workplace for hazards.

表 2

Learning Outcome	Assessment Criteria	Evidence type (Circle each type used) Ob- A/P- APL- EP- WT-CH-PS-Q-GD-LP-WB Observation. Assignment/Project. Accredited Prior Learning Examination of Works Product. Witness Testimony. Case History. Personal Statement. Questioning. Guided Discussion. Learner Presentation. Work Books	
		Evidence Reference Numbers	Date
1 Be able to work safely	1.1 Take appropriate action in the event of fire, emergencies or accidents		
	1.2 Identify where alarms, emergency exits, escape routes, emergency equipment and assembly points are located		
	1.3 Demonstrate safe and appropriate use of emergency equipment		
	1.4 Distinguish between different alarm sounds		
	1.5 Comply with equipment operating procedures and manufacturer' s instructions		

续　表

Learning Outcome	Assessment Criteria	Evidence type (Circle each type used) Ob– A/P– APL– EP– WT–CH–PS–Q–GD–LP–WB Observation. Assignment/Project. Accredited Prior Learning Examination of Works Product. Witness Testimony. Case History. Personal Statement. Questioning. Guided Discussion. Learner Presentation. Work Books	
		Evidence Reference Numbers	Date
1 Be able to work safely	1.6 Demonstrate safe handling and lifting techniques		
	1.7 Demonstrate correct use and maintenance of any protective clothing and/or equipment		
	1.8 Comply with personal responsibilities under the health and safety at work act/COSHH		
	1.9 Identify who the nominated first aiders are		
2 Be able to moni-tor the workplace for hazards	2.1 Identify hazardous substances that are used in the workplace and demonstrate methods of making them safe or reducing their danger in the event of an accident		
	2.2 Identify hazards posed by machinery that is used in the workplace and demonstrate methods of making safe or reducing their danger in the event of an accident		

续 表

Learning Outcome	Assessment Criteria	Evidence type (Circle each type used) Ob- A/P- APL- EP- WT-CH-PS-Q-GD-LP-WB Observation. Assignment/Project. Accredited Prior Learning Examination of Works Product. Witness Testimony. Case History. Personal Statement. Questioning. Guided Discussion. Learner Presentation. Work Books	
		Evidence Reference Numbers	Date
2 Be able to moni-tor the workplace for hazards	2.3 Demonstrate how to handle and store hazardous substances including debris		
	2.4 Demonstrate how to store materials and equipment		
	2.5 Explain what the most likely accidents and emergencies in the workplace are and how to deal with them		
	2.6 Comply with personal responsibilities under the COSHH (Control Of Substances Hazardous to Health)		
3 Be able to con-tribute to workplace se-curity	3.1 Outline and comply with the organisation's rules, codes, guidelines and standards relating to security		
	3.2 Explain how to deal with loss of property		

Unit 3：

Optimise the use of Logistics Resources

Unit reference number：M/601/7597

QCF level：3

Credit value：3

Guided learning hours：20

Unit summary

This unit is about identifying the appropriate resource and planning how to use it and monitoring its use to improve performance. This unit is relevant for operatives working in logistics operations. Operatives could，for example，be working in warehousing and storage，transport or freight forwarding.

表 3

<table>
<tr><td rowspan="2">Learning Outcome</td><td rowspan="2">Assessment Criteria</td><td colspan="2">Evidence type
(Circle each type used)
Ob– A/P– APL– EP– WT–CH–PS–Q–GD–LP–WB
Observation. Assignment/Project. Accredited Prior Learning Examination of Works Product. Witness Testimony. Case History. Personal Statement. Questioning. Guided Discussion.
Learner Presentation. Work Books</td></tr>
<tr><td>Evidence Reference Numbers</td><td>Date</td></tr>
<tr><td rowspan="5">1
Know how to optimise the use of logistics resources</td><td>1.1
Explain the relevant organisational policies and procedures, in relation to optimising the use of logistics resources, that relate to :
- health, safety and security
- compliance
- roles, responsibilities, information and management systems
- legislation and regulations</td><td></td><td></td></tr>
<tr><td>1.2
Describe the different sources and types of information required for optimising the use of logistics resources</td><td></td><td></td></tr>
<tr><td>1.3
Explain the importance of good communication methods</td><td></td><td></td></tr>
<tr><td>1.4
Explain the types of resource used in specific logistics operations</td><td></td><td></td></tr>
<tr><td>1.5
Explain the methods used for optimising the use of logistics resources</td><td></td><td></td></tr>
</table>

续　表

Learning Outcome	Assessment Criteria	Evidence type (Circle each type used) Ob– A/P– APL– EP– WT–CH–PS–Q–GD–LP–WB Observation. Assignment/Project. Accredited Prior Learning Examination of Works Product. Witness Testimony. Case History. Personal Statement. Questioning. Guided Discussion. Learner Presentation. Work Books	
		Evidence Reference Numbers	Date
1 Know how to optimise the use of logistics resources	1.6 Explain the factors that need to be taken into account when optimising the use of logistics resources		
	1.7 Explain methods for improving or developing used logistics resources		
	1.8 Identify problems that can occur when optimising the use of logistics resources		
	1.9 Explain appropriate action when dealing with identified problems		
2 Be able to optimise the use of logistics resources	2.1 Follow all organisational policies and procedures, in relation to optimising the use of logistics resources, that relate to : – health, safety and security – compliance – roles, responsibilities, information and management systems – legislation and regulations		

续 表

Learning Outcome	Assessment Criteria	Evidence type (Circle each type used) Ob– A/P– APL– EP– WT–CH–PS–Q–GD–LP–WB Observation. Assignment/Project. Accredited Prior Learning Examination of Works Product. Witness Testimony. Case History. Personal Statement. Questioning. Guided Discussion. Learner Presentation. Work Books	
		Evidence Reference Numbers	Date
2 Be able to optimise the use of logistics resources	2.2 Identify the availability and demand for logistics resources in the organisation		
	2.3 Determine the level and type of resources used for the logistics operation		
	2.4 Use logistics resources effectively and efficiently		
	2.5 Plan the use of logistics resources to achieve a balance between usage and performance		
	2.6 Monitor the use of logistics resources to identity any positive or negative effects on the environment		

Unit 8：

Supervise Receipt，Storage or Despatch of Goods

Unit reference number：Y/601/7934

QCF level：3

Credit value：6

Guided learning hours：20

Unit summary

This unit is about supervising the areas and processes for receipt，storage and dispatch of goods. It deals with ensuring the correct equipment is used，that areas are safe and appropriate for the receipt of goods，and that information in relation to monitoring the receipt，storage or dispatch of goods is communicated.

This unit is aimed at operatives in logistics operations. Operatives could，for example，be working in warehousing and storage，transport or freight forwarding.

表 4

Learning Outcome	Assessment Criteria	Evidence type (Circle each type used) Ob– A/P– APL– EP– WT–CH–PS–Q–GD–LP–WB Observation. Assignment/Project. Accredited Prior Learning Examination of Works Product. Witness Testimony. Case History. Personal Statement. Questioning. Guided Discussion. Learner Presentation. Work Books	
		Evidence Reference Numbers	Date
1 Know how to supervise the receipt, storage or dispatch of goods in logistics operations	1.1 Explain the relevant organisational policies and procedures for supervising the receipt, storage or dispatch of goods in logistics operations, that relate to : – health, safety and security – environmental factors – special requirements – stock rotation – monitoring and testing		
	1.2 Explain sources of information required to determine the capacity and limitations of the storage facility		
	1.3 Describe the equipment that can be used for the receipt, storage or dispatch of the goods		
	1.4 Identify problems that can occur when monitoring the receipt, storage or dispatch of goods		
	1.5 Explain appropriate action when dealing with identified problems		

续 表

Learning Outcome	Assessment Criteria	Evidence type (Circle each type used) Ob– A/P– APL– EP– WT–CH–PS–Q–GD–LP–WB Observation. Assignment/Project. Accredited Prior Learning Examination of Works Product. Witness Testimony. Case History. Personal Statement. Questioning. Guided Discussion. Learner Presentation. Work Books	
		Evidence Reference Numbers	Date
2 Be able to supervise the receipt, storage or dispatch of goods in logistics operations	2.1 Inspect the type, condition, quantity of the goods being received, stored or dispatched		
	2.2 Check the storage conditions and equipment required to receive, store or dispatch the goods		
	2.3 Organise the movement or rotation of goods to assist receiving, storing or dispatching goods		
	2.4 Demonstrate how to use the organisations resources effectively		
	2.5 Communicate effectively with others		
	2.6 Complete records for supervising the receipt, storage or dispatch of goods accurately		

Unit 9：

Minimise the Environmental Impact of Logistics Operations

Unit reference number：K/601/7601

QCF level：3

Credit value：3

Guided learning hours：15

Unit summary

This unit is about monitoring the environmental impact of the operation and identifying ways of reducing that impact. It deals with how energy and materials are used and identifying ways of using them more effectively.

This unit is relevant for operatives working in logistics operations. Operatives could，for example，be working in warehousing and storage，transport or freight forwarding.

表 5

Learning Outcome	Assessment Criteria	Evidence type (Circle each type used) Ob- A/P- APL- EP- WT-CH-PS-Q-GD-LP-WB Observation. Assignment/Project. Accredited Prior Learning Examination of Works Product. Witness Testimony. Case History. Personal Statement. Questioning. Guided Discussion. Learner Presentation. Work Books	
		Evidence Reference Numbers	Date
1 Know how to minimise the environmental impact of logistics operations	1.1 Explain the relevant organisational policies and procedures, in relation to minimising the environmental impact of logistics operations, that relate to : - health, safety and security - compliance - roles, responsibilities, information and management systems - environmental protection - systems to assess environmental impact - recycling and disposal of materials		
	1.2 Describe the different sources and types of information required for improving performance in logistics operations		
	1.3 explain environmental issues affecting the logistics sector		
	1.4 identify ways to reduce the effects on the environment		
	1.5 identify ways to use energy and materials more effectively and efficiently		

续 表

Learning Outcome	Assessment Criteria	Evidence type (Circle each type used) Ob- A/P- APL- EP- WT-CH-PS-Q-GD-LP-WB Observation. Assignment/Project. Accredited Prior Learning Examination of Works Product. Witness Testimony. Case History. Personal Statement. Questioning. Guided Discussion. Learner Presentation. Work Books	
		Evidence Reference Numbers	Date
2 Be able to minimise the environmental impact of logistics operations	2.1 Follow all organisational policies & procedures, in relation to minimising the environmental impact of logistics operations, that relate to : - health, safety and security - compliance - roles, responsibilities, information & management systems - environmental protection - systems to assess environmental impact - recycling and disposal of materials		
	2.2 Implement the organisation' s environmental policy		
	2.3 Monitor the use of energy and materials to deliver logistics operations		
	2.4 Assess the environmental risks of specific logistics operations before implementation		
	2.5 Report on the effects of logistics operations on the environment		

续　表

Learning Outcome	Assessment Criteria	Evidence type (Circle each type used) Ob– A/P– APL– EP– WT–CH–PS–Q–GD–LP–WB Observation. Assignment/Project. Accredited Prior Learning Examination of Works Product. Witness Testimony. Case History. Personal Statement. Questioning. Guided Discussion. Learner Presentation. Work Books	
		Evidence Reference Numbers	Date
2 Be able to minimise the environmental impact of logistics operations	2.6 Ensure that surplus materials are disposed of or recycled correctly		
	2.7 Brief visitors and sub–contractors of environmental responsibilities according to organisational polices		
	2.8 Recommend ways to minimise the environmental impact of logistics operations		
	2.9 Record work according to organisational procedures		

Unit 13 :

Contribute to the Provision of Customer Service in Logistics Operations

Unit reference number : Y/601/7920

QCF level : 2

Credit value : 3

Guided learning hours：18

Unit summary

This unit is about creating and maintaining customer satisfaction and developing relationships through effective communication. It includes understanding business and customer confidentiality, the organisation's image and the limits of own authority when dealing with customers.

This unit is relevant to those who work in the logistics sector who work both individually and as part of a team.

表 6

Learning Outcome	Assessment Criteria	Evidence type (Circle each type used) Ob- A/P- APL- EP- WT-CH-PS-Q-GD-LP-WB Observation. Assignment/Project. Accredited Prior Learning Examination of Works product. Witness Testimony. Case History. Personal Statement. Questioning. Guided Discussion. Learner Presentation. Work Books	
		Evidence Reference Numbers	Date
1 Know how to contribute to the provision of customer services in logistics operations	1.1 Explain the relevant organisational policies and procedures, in relation to the provision of customer services in logistics operations, that relate to： - health, safety and security - personal protective equipment - maintaining effective customer relations - personal appearance and hygiene - reporting procedures and systems - recording information - confidentiality - complaints - effective communication - good customer service		

续　表

<table>
<tr><td rowspan="2">Learning Outcome</td><td rowspan="2">Assessment Criteria</td><td colspan="2">Evidence type
(Circle each type used)
Ob- A/P- APL- EP- WT-CH-PS-Q-GD-LP-WB
Observation. Assignment/Project. Accredited Prior Learning Examination of Works product. Witness Testimony. Case History. Personal Statement. Questioning. Guided Discussion. Learner Presentation. Work Books</td></tr>
<tr><td>Evidence Reference Numbers</td><td>Date</td></tr>
<tr><td rowspan="6">1
Know how to contribute to the provision of customer services in logistics operations</td><td>1.2
Describe different types of customers in relation to own organisation</td><td></td><td></td></tr>
<tr><td>1.3
Describe the importance of promoting the organisation' s image positively</td><td></td><td></td></tr>
<tr><td>1.4
Identify the services available to customers in own organisation</td><td></td><td></td></tr>
<tr><td>1.5
Describe the implications of :
- a negative image on your organisation
- poor communication
- poor customer service</td><td></td><td></td></tr>
<tr><td>1.6
Describe : own role in dealing with customer complaints and the limits of your responsibility</td><td></td><td></td></tr>
<tr><td>1.7
Identify who to report to when you are unable to deal with a customer enquiry or request</td><td></td><td></td></tr>
<tr><td>2
Be able to contribute to the provision of customer services in logistics operations</td><td>2.1
Follow all organisational policies and procedures, in relation to contributing to customer services in logistics operations, that relate to :
- health, safety and security
- personal protective equipment</td><td></td><td></td></tr>
</table>

续 表

Learning Outcome	Assessment Criteria	Evidence type (Circle each type used) Ob– A/P– APL– EP– WT–CH–PS–Q–GD–LP–WB Observation. Assignment/Project. Accredited Prior Learning Examination of Works product. Witness Testimony. Case History. Personal Statement. Questioning. Guided Discussion. Learner Presentation. Work Books	
		Evidence Reference Numbers	Date
2 Be able to contribute to the provision of customer services in logistics operations	– maintaining effective customer relations – personal appearance and hygiene – reporting procedures and systems – recording information – confidentiality – complaints		
	2.2 Develop positive relationships with customers		
	2.3 Ensure that own personal appearance and hygiene meet organisational policies and standards		
	2.4 Communicate effectively with customers		
	2.5 Ensure that all information available is up–to–date and accurate		
	2.6 Identify customer needs		
	2.7 Deal effectively with customer enquiries		
	2.8 Ensure the customer is promptly informed of any action that is taken		
	2.9 Maintain customer confidentiality		

续　表

Learning Outcome	Assessment Criteria	Evidence type (Circle each type used) Ob- A/P- APL- EP- WT-CH-PS-Q-GD-LP-WB Observation. Assignment/Project. Accredited Prior Learning Examination of Works product. Witness Testimony. Case History. Personal Statement. Questioning. Guided Discussion. Learner Presentation. Work Books	
		Evidence Reference Numbers	Date
2 Be able to contribute to the provision of customer services in logistics operations	2.10 Update customer records accurately		
	2.11 Record customer enquiries and outcomes accurately using the organisation's procedures and systems		
	2.12 Deal with customer complaints effectively		

Unit 15 :

Respond to Problems in Logistics Operations

Unit reference number : T/601/7598

QCF level : 3

Credit value : 3

Guided learning hours : 15

Unit summary

This unit is about using previous experience to deal with problems, identifying the most appropriate response and monitoring its effectiveness.

This unit is relevant for operatives working in logistics operations. Operatives could, for example, be working in warehousing and storage, transport or freight forwarding.

表 7

Learning Outcome	Assessment Criteria	Evidence type (Circle each type used) Ob- A/P- APL- EP- WT-CH-PS-Q-GD-LP-WB Observation. Assignment/Project. Accredited Prior Learning Examination of Works Product. Witness Testimony. Case History. Personal Statement. Questioning. Guided Discussion. Learner Presentation. Work Books	
		Evidence Reference Numbers	Date
1 Know how to respond to problems in logistics operations	1.1 Explain the relevant organisational policies and procedures, in relation to responding to problems in logistics operations, that relate to : - health, safety and security - compliance - roles, responsibilities, information and management systems		
	1.2 Explain the importance of good communication methods		
	1.3 Describe the different types of information required for responding to problems in logistics operations		
	1.4 Explain factors that could lead to problems in logistics operations		

续　表

Learning Outcome	Assessment Criteria	Evidence type (Circle each type used) Ob– A/P– APL– EP– WT–CH–PS–Q–GD–LP–WB Observation. Assignment/Project. Accredited Prior Learning Examination of Works Product. Witness Testimony. Case History. Personal Statement. Questioning. Guided Discussion. Learner Presentation. Work Books	
		Evidence Reference Numbers	Date
1 Know how to respond to problems in logistics operations	1.5 Explain contingency planning methods		
	1.6 Explain risk assessment methods used		
2 Be able respond to problems in logistics operations	2.1 Follow all organisational policies and procedures, in relation to responding to problems in logistics operations that relate to : – health, safety and security – compliance – roles, responsibilities, information and management systems		
	2.2 Develop procedures for identifying problems		
	2.3 Respond to problems within logistics operations		
	2.4 Review problems that have occurred previously and the factors that led to them		
	2.5 Assess the impact of previous problems on the logistics operation		

续 表

Learning Outcome	Assessment Criteria	Evidence type (Circle each type used) Ob– A/P– APL– EP– WT–CH–PS–Q–GD–LP–WB Observation. Assignment/Project. Accredited Prior Learning Examination of Works Product. Witness Testimony. Case History. Personal Statement. Questioning. Guided Discussion. Learner Presentation. Work Books	
		Evidence Reference Numbers	Date
2 Be able respond to problems in logistics operations	2.6 Plan the activities and resources that are required to respond to a particular problem		
	2.7 Implement the plan in response to a particular problem		
	2.8 Obtain feedback on the plan		
	2.9 Develop contingency plans		
	2.10 Implement contingency plans		
	2.11 Obtain feedback from others on the use of contingency plans		
	2.12 Review the effectiveness of the plans		
	2.13 Record work according to organisational procedures		

Unit 16：

Apply Technology in Logistics Operations

Unit reference number：A/601/7599

QCF level：3

Credit value：4

Guided learning hours：18

Unit summary

This unit is about using technology that is effective and efficient. Checking that colleagues know how to use technology and identifying possible improvements.

This unit is relevant for operatives working in logistics operations. Operatives could, for example, beworking in warehousing and storage, transport or freight forwarding.

表 8

Learning Outcome	Assessment Criteria	Evidence type (Circle each type used) Ob– A/P– APL– EP– WT–CH–PS–Q–GD–LP–WB Observation. Assignment/Project. Accredited Prior Learning Examination of Works Product. Witness Testimony. Case History. Personal Statement. Questioning. Guided Discussion. Learner Presentation. Work Books	
		Evidence Reference Numbers	Date
1 Know how to apply technology in logistics operations	1.1 Explain the relevant organisational policies and procedures, in relation to applying technology in logistics operations, that relate to – health, safety and security – compliance – roles, responsibilities, information and management systems		
	1.2 Explain the importance of good communication methods		
	1.3 Describe the different sources and types of information required for applying technology in logistics operations		
	1.4 Explain the resources and systems that can be applied in logistics operations		
	1.5 Explain the latest technological advances that may be applied in logistics operations		
	1.6 Explain the impact of new technology in the logistics operation		

续 表

Learning Outcome	Assessment Criteria	Evidence type (Circle each type used) Ob- A/P- APL- EP- WT-CH-PS-Q-GD-LP-WB Observation. Assignment/Project. Accredited Prior Learning Examination of Works Product. Witness Testimony. Case History. Personal Statement. Questioning. Guided Discussion. Learner Presentation. Work Books	
		Evidence Reference Numbers	Date
1 Know how to apply technology in logistics operations	1.7 Identify problems that can occur when applying technology in logistics operations		
2 Be able to apply technology in logistics operations	2.1 Follow all organisational policies and procedures, in relation to applying technology in logistics operations, that relate to: - health, safety and security - compliance - roles, responsibilities, information and management systems		
	2.2 Check that the technology is applied		
	2.3 Check that maintenance schedules are undertaken		
	2.4 Check that colleagues using the technology can operate it competently		
	2.5 Monitor colleagues in the safe use of the technology		

续 表

Learning Outcome	Assessment Criteria	Evidence type (Circle each type used) Ob– A/P– APL– EP– WT–CH–PS–Q–GD–LP–WB Observation. Assignment/Project. Accredited Prior Learning Examination of Works Product. Witness Testimony. Case History. Personal Statement. Questioning. Guided Discussion. Learner Presentation. Work Books	
		Evidence Reference Numbers	Date
2 Be able to apply technology in logistics operations	2.6 Identify colleagues training needs		
	2.7 Respond to training needs		
	2.8 Report on how the technology has improved logistics operations		
	2.9 Make recommendations for further improvement to logistics operations		
	2.10 Overcome any failures in the technology		
	2.11 Record work according to organisational procedures		

Assessor Signature………………………… Date…………………………………………
Learner Signature………………………… Date…………………………………………